JN298447

「改訂版　障害のある子どものための」シリーズ **1**

[改訂版]
障害のある子どものための
国 語
（聞くこと・話すこと）

大南　英明，吉田　昌義，石塚　謙二　監修
全国特別支援学級設置学校長協会，
全国特別支援学校知的障害教育校長会　編

東洋館出版社

シリーズ刊行に当たって

　特別支援学校,特別支援学級における教科の指導,とりわけ,知的障害のある児童生徒に対する教科の指導は,これまでに,全国各地において様々な実践報告,実践研究がなされ,多くの成果を上げてきている。

　このたび,学習指導要領の改訂を踏まえ,国語,算数・数学,図画工作・美術,体育・保健体育の各教科について,各学校におけるこれまでの実践の成果などをもとに,『改訂版　障害のある子どものための』シリーズを6冊で刊行することになった。

　特別支援学校,特別支援学級においては,個別の指導計画を作成し,それに基づいた授業を展開することが基本となっている。

　本シリーズでは,上記の各教科について,それぞれの教科について学習指導要領に示されている,目標,内容等について解説し,個別の指導計画に基づいた指導の具体例を紹介している。

　知的障害教育においては,各教科は,教育課程の編成上,教科別の指導,教科を合わせた指導,教科等を合わせた指導として位置付けられている。

　教科別の指導は,教科の内容を教科の時間を設け,児童生徒の生活に基づいた題材・単元を設定し,具体的に指導していく。

　教科を合わせた指導は,合科ともいわれ,複数の教科の内容を合わせて授業を展開するものである。例えば,生活,音楽,体育を合わせたり,生活,国語,音楽を合わせたりして授業を行う。

　教科等を合わせた指導は,これまで,領域・教科を合わせた指導と呼ばれていたもので,日常生活の指導,遊びの指導,生活単元学習,作業学習などがある。

　知的障害の特別支援学校,特別支援学級において教育課程を編成

する際には，児童生徒の学習の状態を的確に把握して，教科別の指導と教科等を合わせた指導とを適切に組み合わせることが望ましいとされている。

本シリーズの実践事例では，上記のことを踏まえ，教科別の指導の実践事例と教科等を合わせた指導の実践事例を紹介している。

本シリーズは，現在，特別支援学校，特別支援学級で直接児童生徒の指導に当たっておられる先生方だけでなく，これから教員になろうとしている方々，また，知的障害教育，特別支援学校，特別支援学級の教育に関心をおもちの方々にもぜひ読んでいただきたい内容である。

ご多用のなか，本シリーズの企画，編集，執筆に当たられた関係者の皆様に心からお礼申し上げます。そして，企画，編集等，本シリーズの刊行にご尽力くださった東洋館出版社編集部の大場亨様にお礼を申し上げます。

平成25年7月

監修者を代表して　大南　英明

目次

シリーズ刊行に当たって……1

障害のある子どもにおける国語指導の意義……7

聞くこと

［特別支援学校・小学部］　聞いて〇〇してみよう！……20

［特別支援学校・小学部］　うどんを作ろう……26

［特別支援学校・中学部］　ミシンを使う作業（エプロン）……32

［特別支援学校・中学部］　友達と話し合って楽しむ……38

［特別支援学校・高等部］　聞く力を育て，主体的に行動するための取組……44

［特別支援学校・高等部］　しっかり伝えて，聞いて，表現しよう！……50

［特別支援学級・小学校］　よく聞いて答えよう……56

［特別支援学級・小学校］　俳句の楽しさを味わおう……62

［特別支援学級・中学校］　相手の考えを聞き取り，自分の思いをわかりやすく伝えよう……68

［特別支援学級・小学校］　話を最後まで聞こう……74

［特別支援学級・中学校］　目指せ，聞き方名人！聞き上手になろう！……80

話すこと

[特別支援学校・小学部] 伝えたいことを相手にわかりやすく伝える……88

[特別支援学校・小学部] たのみじょうずになろう！……94

[特別支援学校・中学部] 気持ちを伝えよう……100

[特別支援学校・中学部] 自分の経験したことや気持ちを伝えよう……106

[特別支援学校・高等部] スピーチをしよう……112

[特別支援学校・高等部] 「伝える力」を高めよう……118

[特別支援学級・小学校] みんなにわかるように話そう……124

[特別支援学級・小学校] まとまった考えを伝えたり，考えたせりふを言ったりしよう……130

[特別支援学級・中学校] 将来の夢……136

[特別支援学級・小学校] 名たんていになろう……142

[特別支援学級・中学校] 内容をまとめて話をしよう……148

資料

国語の具体的内容……156

◆執筆者一覧

障害のある子どもにおける国語指導の意義

1 教科の内容の選択と展開

　知的発達に遅れのある児童生徒への「国語」の指導は，生活に即した具体的な場面で，実際的な活動を通して指導することが効果的である。学習指導要領における「国語」の指導内容は段階別に示されているが，この順を追って指導するのではなく，児童生徒の発達の状態に即して，必要な内容を選択して指導することが肝要である。

　次に，学習上の特性から，実際の指導では「具体的な場面で実際的な活動を通して」行うことが効果的であることから，「生活」や「算数」などの他の教科や，道徳や特別活動，自立活動などの領域と合わせて指導することを重視し，十分な時間を確保して，継続的な指導を行うことが肝要である。

　このように，児童生徒に応じて指導内容を適切に選択し，学習特性を十分に考慮して効果的な指導が展開されることが期待されている。

2 「国語」の指導の展開

　「国語」の指導方法は，大きくは二つに分かれる。一つは，領域・教科を合わせた指導として「日常生活の指導」「遊びの指導」「生活単元学習」「作業学習」において，国語の内容を指導する方法である。他方は，教科別の指導として，「国語」の時間を設けて指導する方法である。

　知的発達が未分化な段階では，「国語」「社会」「算数」などと時間割を細分化して指導するよりも，学校生活を大きくまとめて，教

科別に分けないで指導する方が，子どもの学習の実態に合っている（知的発達に遅れのない子どもを対象とした幼稚園の生活も，日々の生活を大きく括り，毎日同じ活動を繰り返すようにしながら，子どもが見通しをもって活動できるようにしている）。

このことから，小学部段階では，また知的発達の遅れが大きい子どもたちの集団では，「日常生活の指導」「遊びの指導」「生活単元学習」を中心とし，「音楽」「図画工作」「体育」などの教科別の指導を加えている。

(1) 領域・教科を合わせた指導における国語指導

領域・教科を合わせた指導として，例えば，生活単元学習において，単元「お誕生会」を取り上げ，毎月実施するなか，聞く・話す（伝える，話し合うなど），読む，書くなど多くの言語活動を取り扱い，「国語」に示された内容を学習していくこととなる。さらに，毎月実施することは，子どもたちが経験を積み重ねることによって，活動への見通しをもって取り組むことにつながり，さらには「お誕生会」の活動内容を増やすことで，より広がりのある言語活動を展開することができる。

実際に，単元「お誕生会」を実施するときには，おおよそ次のような「国語」の指導内容が挙げられる。

・司会やプレゼントの係を話し合って決める
・誕生会のプログラムを話し合って決める
・決まったプログラムを模造紙に書く
・校長先生や保護者への招待状を書く・届ける
・プレゼントとして，色紙にお祝いの言葉を書く
・お祝いの言葉やお礼の言葉のメモを作る
・お茶やお菓子の計画をする

このように一連の活動の中には，人や物の名称を知る，人とのやりとりの方法を知る，招待状では必要な用件を書く，お祝いの言葉など必要な事項を伝える，など多くの言語活動が含まれてくる。

特に，単元「お誕生会」で，果物などを買ってきて会食することは，買い物に必要な品名，個数，金額，お店の場所や名称，お店の人との言葉のやりとりなど，多くの学習活動が加わってくる。

(2) 「国語」の時間を設けた指導

　教科別に「国語」の時間を設けた指導では，小学校や中学校の「国語」の授業のように，教科書のはじめから単元を順番に教えていく方法では，どうしても現実的な生活から離れた指導に陥りがちで，さらには，少人数とはいえ児童生徒個々の実態（獲得してきた知識や技能，生活経験など）の幅が広いため，個々の実際の生活と，単元内容とが結び付かないことなどが見られる。

　これらのことから，教科別の指導の場合は，特に取り上げる題材の選定が重要になる。題材選定で必要と考えられることとして，①児童生徒の生活に結び付いたもの，②生活に必要なもの，③生活を豊かにしていくもの，などが挙げられる。

　例えば，簡単な伝言や電話のやりとりなどでは，生活に生かすうえで，主語と述語を明確に指導することが重要である。また，日記帳や作文の指導では，「話のあらすじ」「短文を作る」などが必要である。そのため，「国語」の時間において「助詞の使い方」を重点的に指導することや，「類似語を集める」「敬語の使い方」など，生活に必要な事項をまとめて指導することも有効である。

　生活を豊かにする題材としては，「詩を鑑賞する，詩を作る」「物語を読む」「標語」「ことわざ」「俳句」などが挙げられる。

　このように，児童生徒の生活に必要とされる，様々な事柄を適切に配列した指導計画を立てることが重要である。

　特に，小学部段階や知的発達の遅れが大きい児童生徒には，指導内容が身の回りのことや家庭生活，学校生活に必要なこととなり，指導する言葉も限られてくる。そこで，生活に必要とされる言葉ややりとりなどのほか，遊具・遊び，テレビ番組など，興味のあるものを拡大していくことが大切である。特に，大人からの言葉かけが

大切な時期でもある。

　また，中学部や高等部段階では，家庭生活など身の回りでも使用する電気用品などの道具も増えてくる。「取り扱い説明書の読み方」「広告やカタログの読み方」などを取り上げることも考えられる。さらに，学校生活でも様々な活動が行われ，これらに必要な言語活動が多く見られる。

　なお，将来の社会人として，また職業生活に必要な言語活動を考慮することが重要であり，社会生活の広がりや興味・関心の広がりから，テレビや新聞で報道される社会事象，天気や季節の変化，地震などの自然事象も取り入れることも大切である。その際にも，個々の児童生徒の実態に即した配慮をしていくことが大切である。

3 小学校・小学部段階の「国語」の指導

　小学校特別支援学級においては，特別な教育課程が編成できることから，特別支援学校の学習指導要領における知的障害者を教育する特別支援学校小学部の「国語」の目標や内容を取り入れて指導をすることが望ましいといえる。つまり，小学校「国語」の内容は，児童の発達の状態から，児童の生活に密着しているか，児童が興味を示す内容であるか，内容が高度であったり多すぎたりしていないか，などの点から検討すると，特別支援学校の学習指導要領が示す「国語」の目標及び内容の方が，より適切であることが多いといえる。

　特別支援学校の学習指導要領が示す小学部の「国語」の目標及び内容は，次の通りである。

1　目標
　日常生活に必要な国語を理解し，伝え合う力を養うとともに，それらを表現する能力と態度を育てる。

目標に示したように,「日常生活に必要な国語」として,児童の発達段階や生活状況に即した目標となっている。内容では,障害の重い児童への指導を考慮して,次のように示している。

2　内容
○1段階
　(1)　教師の話を聞いたり,絵本などを読んでもらったりする。
　(2)　教師などの話し掛けに応じ,表情,身振り,音声や簡単な言葉で表現する。
　(3)　教師と一緒に絵本などを楽しむ。
　(4)　いろいろな筆記用具を使って書くことに親しむ。
○2段階
　(1)　教師や友達などの話し言葉に慣れ,簡単な説明や話し掛けが分かる。
　(2)　見聞きしたことなどを簡単な言葉で話す。
　(3)　文字などに関心をもち,読もうとする。
　(4)　文字を書くことに興味をもつ。
○3段階
　(1)　身近な人の話を聞いて,内容のあらましが分かる。
　(2)　見聞きしたことなどのあらましや自分の気持ちなどを教師や友達と話す。
　(3)　簡単な語句や短い文などを正しく読む。
　(4)　簡単な語句や短い文を平仮名などで書く。

　これらの内容は,極めて概括的に示してあるため,児童の発達の状態から,さらに具体化して指導内容を定めていく必要がある。
　例えば,小学部入学段階では,集団になれることから始まり,音声言語は不明瞭でも「簡単なあいさつをする」「呼名されたら返事(合図)をする」「先生の話を聞く」「ペープサートを友達と一緒に

見て楽しむ」などの具体的な個別目標が設定される。特別支援学級では,「下足箱・ロッカー,机などの名札を見て自分の名前を覚える」「学校の名前を知る」などの目標も見られる。

また,小学部段階では,教師と一緒に遊びながら,ものの名称や要求する言葉を獲得していくことや,友達とかかわり,遊びながらやりとりを重ねていくことが大切である。このため「生活」の「遊び」のねらいも同時に取り入れて指導することも大切である。

このように,児童の状態や興味・関心などに即して,家庭生活,学校生活,社会生活に必要な内容を選定していくことが重要である。

4 中学校・中学部段階の「国語」の指導

身体的な発達とともに,集団生活にも慣れ,集団活動も盛んになり,友人関係を円滑化するとともに,社会生活への関心や行動する範囲も徐々に広がり,社会生活に必要な言語の使用も大切になってくる。

これらを踏まえながら,特別支援学校の学習指導要領に示された「国語」の目標及び内容は,次の通りである。

1　目標
　日常生活に必要な国語についての理解を深め,伝え合う力を高めるとともに,それらを活用する能力と態度を育てる。
2　内容
　(1)　話のおよその内容を聞き取る。
　(2)　見聞きしたことや経験したこと,自分の意見などを相手に分かるように話す。
　(3)　簡単な語句,文及び文章などを正しく読む。
　(4)　簡単な手紙や日記などの内容を順序立てて書く。

生徒の興味・関心は，テレビで報道されるニュースや天気予報，テレビドラマなどの広がりがあり，さらには，新聞のテレビ番組欄を読むなど，様々な言葉の獲得と使用が見られる。このように，話の内容を概括的に理解したり，それを人に伝えたりすることができるようにすることが大切である。また，経験したことを順序よく話したり伝えたりするときには，「いつ，どこで，だれが，だれに，どうした」という要点を整理して伝えることができるように留意する。

　さらに，相手の意見を聞いて自分の意思を伝えることが大切である。

　簡単な自己紹介や，電話での簡単なやりとりをすることなどの学習も，実際の活動で指導することが大切である。

　また，社会生活の範囲も広がり，一人でバスや電車などの公共交通機関を利用して通学したり，友人と遊びに出かけたりする。そのようになると，地図で目的地までの経路を調べたり，自動券売機などで目的地までの切符や定期券を購入して出かけたりすることなどから，生活に必要な国語の範囲も広がる。

　社会見学の記録や観察日記，行事などの案内，礼状，壁新聞などの指導に当たっては，主語と述語の関係，拗音や促音，長音，助詞の使い方などの指導が大切になる。

5 高等部段階の「国語」の指導

　青年期にはより一層，行動範囲も広がり，青年期にふさわしい態度や言動が求められる。

　特別支援学校の学習指導要領に示されている高等部の「国語」の目標及び内容は，次の通りである。

　なお，「国語」の内容は，基礎的な内容と発展的な内容の二つに分けて示されている。実際の指導では，これらをさらに具体化して，生徒の状態や活動内容に即した指導目標や指導内容を設定する

ことが大切であることは，小学部や中学部段階と同様である。

---

1 目標
　生活に必要な国語についての理解を深め，伝え合う力を高めるとともに，それらを適切に活用する能力と態度を育てる。
2 内容
○1段階
　(1) 話の内容の要点を落とさないように聞き取る。
　(2) 目的や場に応じて要点を落とさないように話す。
　(3) いろいろな語句，文及び文章を正しく読み，内容を読み取る。
　(4) 手紙や日記などを目的に応じて正しく書く。
○2段階
　(1) 話し手の意図や気持ちを考えながら，話の内容を適切に聞き取る。
　(2) 自分の立場や意図をはっきりさせながら，相手や目的，場に応じて適切に話す。
　(3) 目的や意図などに応じて文章の概要や要点などを適切に読み取る。
　(4) 相手や目的に応じていろいろな文章を適切に書く。

　「国語」の指導計画の作成に当たっては，将来の家庭生活や職業生活，社会生活を考慮し，「社会」「数学」「職業」「家庭」などの各教科の目標及び内容との関連を図っていくこと，「国語」の時間だけでなく，実際の場面で具体的な活動を通して指導することが大切である。

　友達のみならず大人との接触も増えることにより，やりとりでは相手の意見や心情を汲み取ることが大切になる。

　生徒が興味のある雑誌や図書を読んで知識を獲得したり，小説，詩，俳句などから登場人物の思いや情景を思い浮かべたりするな

ど，生活を豊かにすることが大切である。

また，生活の中では，電話を使うことが多くなり，話を聞き取ってメモすること，自分の立場や場面，状況に応じて謙譲語や尊敬語を適切に使い分けることなども重要である。

郵便のみならず，FAXや宅配便の伝票の記入，様々な申し込み用紙への記入，インターネットを利用したメールのやりとりなど，生活を円滑にしていくための技能も指導することが大切である。

特に，コンピューターを活用し，文書作成やインターネットを利用した情報の収集，メールによるやりとりなどは，職業生活とも関連することから，選択教科「情報」との関連を図ることも大切である。

職業生活との関連では，将来の進路選択などを考慮し，職業に関する様々な情報の収集や産業現場における実習を通して，履歴書の作成や面談，大人とのかかわりなどが重要である。これらの経験により，社会人として必要な，また実際的に活用できる知識や態度を身に付けていく必要がある。

「国語」の内容は「聞く」「話す」「読む」「書く」で示されているが，日常生活の中では，これらが組み合わさり複合していることを踏まえ，生活に必要な活動を活発にし，それらを活用することによって，生活を豊かにしていくことが重要である。

6 自閉症のある児童生徒の「国語」の指導

知的障害特別支援学校や特別支援学級では，自閉症を併せ有する児童生徒の占める割合が20〜50％であり，指導内容や指導方法で様々な工夫が求められている。自閉症の特性である，対人関係の課題，特異的な言語，こだわりのいずれもが「国語」の指導に影響を与えることが多いといえる。

そこで，個別の指導計画の作成に当たっては，知的発達の遅れの状態，興味・関心の偏り，対人関係など，児童生徒の実態把握には

考慮しなければならない要件が数多くある。

ここでは,これまでの指導経験から得られた要点を示すこととする。

(1) 自閉症のある子どもの幼児期・学童期の言語発達の様子

保護者などからの聞き取りから,幼児期では,「喃語が少ない」「しゃべり始めたら,コマーシャルの繰り返し」「名前を呼んでも振り向かない」「ほしいものがあったときは大人の手を引っ張って,大人に取らせた」「質問すると,質問の言葉を繰り返してしまう」「言葉の語尾が上がる」「幼稚園では,一人遊びが多く,友達との会話がない」「何か気にくわないときは,意味が取れない大声を出したり,制止すると興奮したりし,こちらの意思が伝わらない」などが見られる。

学童期には,表出言語は少なくても,質問に答えるなど,多少のやりとりができるようになる姿が見られる。しかし,本人からの質問は,自分の関心のあることだけであったりする。

また,単語のみの表出にとどまり,動詞や形容詞などが少ないため,自分が経験したことをうまく話すことは困難である。さらに,「いつ」「どこで」「だれ」などの質問の意味がとらえられず,答えられないこともある。

他方,言語発達の遅れの少ない場合でも,場面を考慮せず自分の興味のあることのみを一方的に繰り返して話したり,話題が変わっても同じ内容の話を繰り返したりすることが見られる。特に,他人の立場に立って考えることが苦手である傾向がある。

興味・関心が明確な場合,こだわりとの関連もあり,難しい漢字を書いたり,興味ある車や天気予報などについて多くの知識をもって話をしたりするなどから,周囲を驚かせる児童生徒も見られるなど,一人一人の実態は多様である。

青年期には,前述のような多様な実態であるが,理解している言語と表出される音声言語との差が大きくなっている例が見られる。

(2) 自閉症のある児童生徒への言語指導
① 要求する言葉を獲得する

　表出言語がなく音声のみの場合は，生活場面において表情やしぐさから，「好き／嫌い」「快／不快」「喜び／悲しみ」となっている事柄を探し出すことが重要であり，そこで必要な単語を伝えるようにする。ともすると大人が間違えて理解したり，教えたりしていたことが，あとで判明することもあるが，「お水」「ご飯」などの名称を確実に声かけしていくことは重要である。

　要求する表現では，音声はなくても，口の形や大人の手を引くことで要求することが見られるので，同様の手立てを繰り返すことが重要である。

　このような段階を経て，物の名称を覚え，単語を音声として伝えることを理解できると，周囲とのやりとりも少しずつ可能になってくる。さらに，「○○をください」「いやだ」「ほしい」という表現を覚えると，意思を伝えることができるようになり，周囲との関係も円滑になってくる。

② 大人からの指示を理解する

　大人からの指示がわからないときがあり，行動を困難にしていることが見られる。名前を呼んだら振り向く，「ここを見てごらん」という注視する態度などを育てることが重要である。注視してから簡単な質問や指示をするというやりとりの基本ルールを指導することが大切である。

③ 使える名詞の数を増やす

　生活に必要なものの名称を覚えていくと，意思疎通もスムーズになってくる。この段階でも，視覚的な刺激が優位であることを踏まえ，実物や絵（写真），文字を記したカードを用意して，言葉や用途を教えることが有効である。特に，実際的な活動によって教えていくことが有効であることはいうまでもない。

　実際的な活動で指導したときには，動詞と組み合わせて指導する

ことにより，二語文の獲得に発展することとなる。

　名詞の獲得とともに，さらに実際の場面で，「大きい／小さい」「たくさん／少し」「きれい」などの形容詞などを指導していくことも大切にしたい。

④ 生活に必要な時間の経過を表す言葉の獲得

　時刻の指導では，デジタル時計の数字を読むことで「時刻」を言い当てることができる。また，アナログ時計を読むことにより，「1時間後」「6時になったら」などの「時間」の指導，さらに，「昨日」「○○日」など，時の流れのある表現を獲得できるようにする。日めくりやカレンダーなどを用いて，活動への見通しをもって行動することができるようにすることが大切である。

⑤ 疑問詞を理解する

　「いつ」「どこ」「何」など，やりとりで用いられる疑問詞にどう答えていいのかわからず，戸惑ってしまうことが多く見られる。そのため，「何について質問されているのか」を理解できるよう，質問と答えのカードを用意して，対応関係を示す工夫も大切である。

⑥ 自分の体験を言葉で表現する

　自分の体験を，時間経過に沿って言葉で表現することが難しい場合が多く見られる。「いつ」「どこで」「何を」「どうした」という項目を決めて想起できるようにして，文として話すことができるようにすることが大切である。

　自閉症のある児童生徒には，読むことや話をすること，文字使用，文章作成など，様々なアンバランスが見られる。このアンバランスに対するきめ細かな配慮を行い，対人関係をはじめとする円滑な学校生活・社会生活等につなげていきたい。

〈石塚　謙二〉

聞くこと

特別支援学校・小学部

聞いて○○してみよう！
~耳を傾けてみよう~

1 ねらい

○声や音のする方に振り向いたり，耳を傾けたりする。
○指導者の話しかけや音楽に表情や身振り等で応じる。
○指導者の簡単な指示や説明を聞いて自ら行動する。

2 学習活動

(1) **音楽を聞いて活動する**
　・音楽が流れているときは歩く，音楽が止まると立ち止まる。
　・取組のはじめは「歩こう」「止まろう」と言葉かけを行う。指導者の言葉かけがなくても児童が音楽を聞いて活動できるか見守る等，支援を変えていく。

(2) **指導者の指示を聞いて活動する**
　・名前を呼ばれて「はい」と返事をしたり，何らかの反応を示したりする。
　・「歩く」「止まる」「集まる」「座る」等の指示を聞いて動く。
　・取組のはじめは補助指導者が児童に寄り添い支援を行う。繰り返し同じ活動をすることで，児童が中心指導者の言葉かけのみで活動できるように支援の方法を変えていく。

(3) **パラバルーンでつながり遊びをする**
　・バルーンを介して集団の動きを共有する。
　・指導者の言葉かけを聞くことで，またバルーンにつながったり動いたりすることで，言葉と動作を結び付ける（例 「上」→腕を上げる）。

③ 指導上の留意点

○ 聞くことにより児童にとって「嬉しい」「楽しい」と思える活動内容を設定する（例　いす取りゲーム：言葉を聞いて・絵を見ていすに座ることができれば，ぐるぐる回しやくすぐりをしてもらえる等）。
○ 児童に伝えるときは短く，単語を明確に言う。
○ 言葉と事物が結び付いていない児童に対しては，言葉と共に写真や絵カード等の視覚的支援も合わせて行う。
○ 注意深く聞かなければいけない状況を必然的につくる（例　いす取りゲーム：時々果実名を言わずフェイントする等）。
○ 繰り返し同じ活動をし，ルールの定着を図る。児童がルールを理解しはじめたら指導者の支援を減らす。また同じ活動の中でも少しずつ課題を変えていく（例　いす取りゲーム：「りんご」の指示から「あか」に変えるなど）。

④ 題材名「聞いて遊ぼう！」

● ねらい
・音楽を聞き歩いたり止まったりする等，体を動かすことができる。
・指導者の合図を聞いて，集まったり座ったりするなど，活動することができる。

● 指導計画（全34時間）

1　パラバルーンで遊ぼう（6時間）
・音楽や中心指導者の言葉かけを聞きながらバルーンを動かす。
・バルーンを介して集団活動に参加する。

2 集合ゲーム（6時間）

・音楽が流れている間，室内を歩く。
・音楽が止まると集合マットに座る。座れたらぐるぐる回し・くすぐりをしてもらう。

3 マットにどぼん（8時間）

・音楽が流れている間，ソフトマットの周りを歩く。
・音楽が止まり，中心指導者の「マットにどぼん」の合図を聞いてからマットに飛び込む。

4 集合ゲームⅡ（6時間）

・音楽が流れている間，室内を歩く。
・音楽が止まり，中心指導者の言葉を聞き，指定された集合マット（アンパンマン・バイキンマン）に座る。座れたらぐるぐる回し・くすぐりをしてもらう。

5 いす取りゲーム（8時間）

・音楽が流れている間，いすの周りを歩く。
・音楽が止まり，中心指導者の言葉を聞き，言葉の指示と同じ絵カードが貼ってあるいすを探して座る。座れたらぐるぐる回し・くすぐりをしてもらう。

5 個別の指導計画

●児童の実態

	Aさん	Bさん	Cさん
聞く話す	・中心指導者の言葉かけを聞いてほぼ活動できるが，今までの経験や全体の流れに乗って動いているときもある。	・補助指導者の支援を受けつつ，中心指導者の言葉かけを聞いて活動することができる。 ・発語はなく，指差しや写真カード等	・音楽を聞き，歩く・止まることができる。 ・少しずつ言葉と行動，言葉と実物が結び付いてきている。

		で自分の気持ちを伝える。	・発語はなく，直接行動で自分の気持ちを伝えることが多い。
	・発語は不明瞭だが「昨日〜して楽しかった」等の話をすることができる。		
社会性	・集団行動をとることができる。	・指導者の支援を時々受けながら集団行動をとることができる。	・指導者と一緒に集団行動に参加することができる。
学習状況	・どの活動も自ら積極的に取り組むことができる。	・興味・関心のある簡単な内容であれば，自ら活動することもある。	・離席が多く指導者の支援が必要。

●学習展開（第34時）

いす取りゲームは課題別に3グループに編成

5　いす取りゲーム	
ねらい	Aさん	中心指導者の言葉を聞き，言葉の指示と同じ絵が貼ってあるいすを急いで探し座る。
	Bさん	中心指導者の言葉を聞き，言葉の指示と同じ絵が貼ってあるいすを探して座る。
	Cさん	曲が流れている間はいすの周りを歩く。曲が止まり，サブの指導者が手渡すカードと同じカードのいすを探しマッチングすることができる。

学習活動	個別（グループ）への支援		
	Aさん	Bさん	Cさん
1　授業の曲が流れている間室内を歩く。	・見守る。	・見守る。	・部屋の隅にいるときは誘う。
2　名前を呼ばれたら返事をしたり，手を	・児童の反応を待ち観察する。	・児童の反応を待ち観察する。 ・反応がないとき	・児童の目の前で呼名し手を見せる。

聞いて○○してみよう！

挙げたり，視線を向けたりするなど，何らかの方法で表現する。		は児童の目の前で呼名し手を見せる。	
3 授業の曲が止まると，集合マットへ集まる。	・見守る。	・見守る。 ・集まらないときはマットからサブの指導者が児童の名前を呼ぶ。	・マットからサブの指導者が児童の名前を呼ぶ。 ・集まらないときは誘いに行く。
4 活動の流れを知る。	・説明を聞いたり予定カードを見たりして流れを知る。	・予定カードを見たり聞いたりして流れを知る。	・予定カードを見たり聞いたりして流れを知る。
5 いす取りゲームをする。 ①曲が流れている間歩く。 ②中心指導者が果物名を言う（絵カードを見せる）。 ③言われた果物の所に座る。 ④座れたらぐるぐる回し・くすぐりをしてもらう。	・音楽を止め，すぐに果実名を言うのでなく，児童が聞く姿勢をつくったことを見計らい伝える。 ・いすの数を減らしていく。	・見守る。 ・児童がいすに座らなければもう一度言葉で伝える。難しいときは絵カードを見せながら伝える等支援を変える。 ・必要に応じてサブの指導者が支援する。	・サブの指導者は，まず児童が中心指導者を見るように促す。 ・難しいときはサブの指導者は児童に絵カードを手渡し，座るように促す。
6 終わりのあいさつ・後片	・中心指導者の合図を聞いて片付	・サブの指導者の言葉を聞いて片	・サブの指導者と一緒に片付けを

| 付けをする。 | けをする。 | 付けをする。 | する。 |

6 評価

・中心指導者の言葉を聞いて，児童自ら活動することができたか。また補助指導者の支援を受けつつ，中心指導者の言葉を聞いて活動することができたか。
・言葉と果物の名前（果物の絵カード）が結び付いているか。同じ絵カード同士のマッチングができたか。

7 授業の様子

先生の言葉を聞いて……
絵を見て……探そう！

子どもたちだけで
活動してみよう！

〈佐藤　真佐代〉

特別支援学校・小学部

うどんを作ろう
~聞けているかな?~

1 ねらい

○楽しみである活動を通して,聞く力をはぐくむ。
○教師の話に耳を傾け,主体的に活動に参加することができる。

2 学習活動

(1) うどんの歌は,毎時間活動のはじめに前に立つ教員に意識が向くように音楽を用いる。教員は,歌に合わせてリズムをとり,児童が前を向くようにダンスを行う。また,曲中に合いの手を入れることで,教員と児童との掛け合いの部分を設ける。

(2) こねる活動は,児童が手元を意識できるよう視覚的な支援を用いた。教師の声かけは,視覚的な支援を媒体として児童がより反応をするように意識できるようにする。

(3) うどん屋さんでは,日常では味わうことのできない雰囲気をつくり出すことで意識を高く保った。また,自分ではない他の人にうどんを振る舞うことで,友達に対して耳を傾け,相手を意識させるように指導する。そしてみんなで一つのものを作ることを意識できるようにし,うどんを作る工程を分業化する。

3 指導上の留意点

○授業研究の方法に当たっては,学習指導案に加えて,『自閉症教育実践マスターブック』の「授業プラン」「授業シート」を使用してきた。『マスターブック』の中では,授業を行う際の七つの

キーポイント（以下KP）が重要であり，KPに沿ってアセスメントし，目標を立て，評価し，改善を行っていく。本稿では，KP②，⑥，⑦についてのみ使用している。よって，他のKPについての説明は割愛する。KP②は，指示理解であり，自ら指示に応じる，指示を理解できる力である。KP⑥は，模倣であり，自ら模倣して，気づいたり学んだりする力である。KP⑦は，注視物の選択であり，自ら課題解決のために注視すべき刺激に注目できる力である。

○歌は，CDデッキに音源を流し，主に教員が歌う。歌には，簡単なダンスと合いの手があり，メインティーチャー（以下MT）が前で踊りながら意識を向かせ（KP⑦），サブティーチャー（以下ST）が複数の児童の横に付いて，前を向くように指導する（KP⑥）。

○こねる活動の視覚支援として，「こねこねシート」を使用する。「こねこねシート」は，A4の紙の真ん中に赤色の円が描かれてあり，その紙面上でこねて伸ばす。MTが全体で説明をしたあとにSTが複数の児童と一緒に活動を行う。STは，「こねこねシート」を使用しながら，個々の児童の横から指導する（KP⑥）。

○うどん屋さんでは，「製麺機」「盛り付け」「接客」グループに分かれる。MTが各グループの活動を説明したあとに各グループにSTが入る。「製麺機」「盛り付け」グループについては，割愛する。「接客」グループは，お客からオーダーをとり，うどんを提供する。接客は，お客からオーダーを聞く際に耳を傾ける（KP⑥）。

❹ 題材名「うどん屋さんをしよう！」

●ねらい
・「うどんをつくろう」の歌に合わせ，振り付けや合いの手を入れることができる。

- うどんをこねる際に,教員の指示を聞き手元を見ることができる。
- MTやお客さんに注目し,指示や注文を受け行動に移そうとすることができる。

●指導計画 (全12時間)

1 うどんの作り方を知ろう (1時間)
・「うどんをつくろう」の歌を歌う。 ・うどんの作り方を動画や写真で見る。
2 うどんを食べてみよう (1時間)
・手洗いをする。 ・うどんを食べる。
3 うどんを作って食べよう (6時間)
・うどんをこねる。 ・製麺機でうどんを切る。 ・ゆでて食べる。
4 うどん屋さんをしよう (3時間)
・教室の飾り付けをする。 ・製麺機,盛り付け,接客の3グループに分かれてうどんを作る。 ・お店に先生や友達を招待する。
5 活動を振り返ろう (1時間)
・動画や写真を見て,友達の活動を見る。 ・感想を言う。

5 個別の指導計画

●児童の実態

	Aさん	Bさん
	外国籍の児童。日本語の学習	日常生活上の指示は理解でき

聞く 話す	は3年目。理解度は高いが、知らない言葉では聞き取りが悪くなる。「聞く」「話す」ともに、2～3語文の理解が可能。身振りも含めると日常生活で困ることはない。	る。要求度が高ければ2語文で要求できる。「○○したね」と共感を求めることもある。しかし、衝動性が高く、指示が聞こえていてもまったく反応しないときがある。
関心・意欲	活動への意欲は高いが、注意散漫である。指示を聞き落とすことが多い。	指示を理解して行えるが、行動の区切れで気がそれ、まとまりがない。
学習状況	はじまりの歌やスケジュールの確認は、注意がそれたときに肩をたたく、MTを指差すなどすれば注視できる。うどん作りの一つ一つの工程や道具の使い方については、ほぼわかっている。身振りを加えて指示すれば間違えることなく用意することができる。接客役は計6名。全員が試食のために自分の分を用意したり、グループのメンバーにフォークを配ったりできる。	

●学習展開 (第10時)

4 うどん屋さんをしよう		
ねらい	Aさん	「『いらっしゃいませ』して」「準備します」「運びます」の指示を聞き、注文取り、お盆へのセット、配膳に取り掛かることができる。
	Bさん	お客さんへの指差しや写真による視覚支援を頼りに指示を聞き、注文取り、お盆へのセット、配膳に取り掛かることができる。

学習活動	個別の支援	
	Aさん	Bさん
1 「うどんをつくろう」を歌う。 2 学習の流れを知る。	・STは、児童の後ろに位置する。 ・歌詞カード ・文字カードによるスケジュール表示。	

うどんを作ろう 29

3　一人ずつ客役のSTで練習する。KP⑥ ①注文の言葉とともに食券を受け取り，「はい」と答えたり，お辞儀をしたりして注文を受ける。	・「やりたい人」の言葉かけでMTや友達の活動への注目を促す。 ・食券を持った客役のSTと対面してから，「いらっしゃいませ」「はい」「どうぞ」といった教員の言動を模倣する。	・名前を呼び，MTへの注目を確認してからお客さんを指差す。 ・MTは，STが持つ食券を指差しする。教員が行う食券の受け渡しやお辞儀を模倣する。
②お盆へうどんとフォークをセットする。	・正しくセットされたお盆の写真を示し，「準備します」と指示する。	・食券と交換にお盆を前に置き，正しくセットされたお盆の写真の食器・食具を指差しながら指示する。
③配膳する。	・配膳前に，正しく配膳された客席の写真を確認させ，「運びます」と指示する。	・写真の横，手の届く範囲にうどんと食具を置く。
4　お客さんから注文を取り，配膳する。KP②	・入口での出迎えから行い，お客さんへの意識を高める。 ・後ろにつき，言葉が出ないときは，最初の文字を伝える。	・正しく配膳された客席の写真を見ながら配膳する。 ・お客さんの着席後，対応するお客さんを指差し意識する。
5　店員全員でうどんを食べる。		・必要に応じ身体介助。

6 評価

・お盆へのセットやお客さんへの接客時に，言葉の指示を聞けていたか。
・お客さんへの接客時に，指差しや写真といった視覚的な支援でお

盆へのセットやお客さんに意識を向け聞くことができたか。

❼ 授業の様子

歌，スケジュール確認後の配置

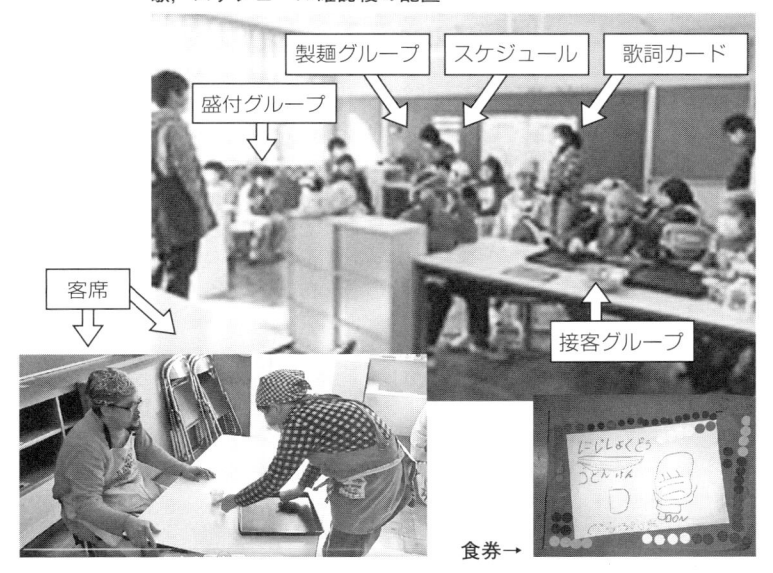

製麺グループ　スケジュール　歌詞カード
盛付グループ
客席
接客グループ

食券→

〈石川　真史・松井　雄基〉

[参考・引用文献]
国立特別支援教育総合研究所編著『自閉症教育実践マスターブック―キーポイントが未来をひらく』ジアース教育新社，2008年
「平成21年度・平成22年度文部科学省指定研究　特別支援教育総合推進事業研究報告書　平成21年度自閉症に対応した教育家庭のあり方に関する調査研究　平成22年度自閉症に対応した教育課程の編成等についての実践研究」三重県立特別支援学校西日野にじ学園（未公刊）2011年

特別支援学校・中学部

ミシンを使う作業（エプロン）

1 ねらい

○指示や説明を聞き取って行動したり，指示がわからないときは，聞き返したりする。
○教師の話をよく聞くことで，作業内容を理解し，集中して作業に取り組む。
○道具の正しい扱い方を覚え，正しい製作手順で製作する。
○作業環境や，道具の取扱いに注意し，安全に活動する。

2 学習活動

(1) **サンプルの中から製作したいエプロンのデザインを選ぶ**
　・数種類の製作手順の用紙を見ながら教師の説明を聞く。
　・教師と相談しながら製作するエプロンを選ぶ。
(2) **生地の色を選ぶ**
　・数種類の生地から作業用エプロンに合った生地を選ぶ。
(3) **布を裁つ**
　・型紙に合わせて線を書く。
　・裁ちばさみを使って丁寧に布を裁断する。
(4) **ミシンを使って縫う**
　・教師と一緒にミシンの準備をする。
　・スピードに気を付けながら慎重に縫う。
(5) **アイロンをかけて仕上げる**
　・教師と一緒にアイロンの準備をする。
　・アイロンの扱いに気を付けながら仕上げる。

3 指導上の留意点

○安全に配慮しながら活動するようにする。
○ミシンで縫うスピードに気を付け,印に沿って丁寧に縫うように配慮する。
○教師の話を聞く姿勢になっているか確認してから話をする。
○説明やアドバイスを端的に伝える。

4 題材名「エプロンを作ろう」

▶ねらい
・正しい手順で作品づくりを行う。
・道具の扱いに気を付け,安全に留意して活動する。
・来年度使用するエプロンを製作することで,意欲を高める。
・自分でデザインと布の柄を選び,丁寧に根気よく仕上げることにより成就感を味わう。

▶指導計画（全43時間）

1　ミシンに慣れる（4時間）
・練習で雑巾を縫う。
2　文化祭の作品を作る（24時間）
・コースター ・ランチョンマット ・カチューム
3　エプロンを作る（15時間）
・エプロン

5 個別の指導計画

●生徒の実態

	Aさん	Bさん
聞く 話す	・集中して話を聞き，簡単な指示であれば2～3の工程を覚えて活動する。 ・指示されたことを忘れたり，わからなくなったりすると，教師に質問し，確認する。	・教師の説明を聞こうとする姿勢は育ってきているが，理解できているか確認する必要がある。 ・指示された内容がわからないときや，自分にとって困難な作業内容のときは，もう一度教師に確認したり，教師に手伝ってほしいことを話せるようになったりしてきた。
読む 書く	・小学3・4年生の漢字の読み書きをする。	・平仮名の読み書きをするが，正確ではない。
社会性	・新しい友達に対して自分から声をかけることは少ないが，相手から声をかけられることで会話がスムーズになる。 ・教師や保護者に対しては，初対面でも積極的にかかわることがある。	・普段の会話は，友達や教師に対して積極的にかかわろうとするが，自分中心の会話になりがちになる。
学習状況	・学習に対して積極的な場面が多く，自発的に質問や報告，発表をする。 ・体調を崩しやすいため欠席日数が多く，学習の積み重ねが難しい。	・授業中，質問や報告をするようになってきた。

●学習展開 (第30時)

1　ミシンをかける		
ねらい	Aさん	・スピードを調節し,根気よく角や曲線を正確に縫う。
	Bさん	・手順表に従って,ミシンの準備をする。 ・集中して直線を縫う。

学習活動	個別の支援	
	Aさん	Bさん
1　本日の学習内容を知る。	・本日の学習内容をを説明する際には,簡単なメモを取りながら聞くように指示する。	・本日の学習内容を確認するために,手元にある作業の手順表を示す。
2　作業準備をする。	・Aさんがミシン準備の手順を復唱し,その手順を確認する。	・ミシン準備の手順表を見ながら生徒と一緒に準備する。
3　ミシンをかける。	・曲線や角の部分を縫う場面を見せ,うまく縫うコツを説明する。	・曲線や角の部分を縫う場面を見せ,うまく縫うコツや,作業の流れを説明する。
	・指示や説明を正確に聞き取れるようにするために,①指示は簡潔に,生徒が理解できる言葉にする,②決まったパターンの指示を出す,③出した指示を一つずつ確認する。 ・指示がわからないときは聞き返すことができるようにするために,①質問の仕方のパターンをプリントにして提示する,②指示の内容を理解しているか,挙手等で確認する,③理解していなかったときの教師への伝え方を練習する。 ・教師の話をよく聞くことで,作業内容を理解できるようにするために,①手順表や作業の流れの表を見せながら,一つずつ確認する。生徒の実態によって,黒板に表示して全体へ表示する物と,手元に置いて個別に確認する物とを用意する,②教師の話を聞	

		いてメモを取る練習をする。最初は重要なポイント部分を空白にしてあるワークシートで練習する。	
4	片付けをする。	・Aさんがミシンの片付けの手順を復唱し、その手順の確認をする。AさんはBさんに手順を知らせながら、同じペースで片付けるよう指示する。	・Aさんが話す手順をよく聞くように促し、教師と一緒に片付けをする。
5	本日の学習のまとめと反省	・本日の活動に対して賞賛や、アドバイスをすることで、活動に対する意欲が高める。	・本日の活動に対して賞賛し、活動に対する自信をもてるようにする。

6 評価

- 安全面に配慮しながら活動したか。
- 教師の説明を理解し、行動に移せたか。
- 手順を間違えたり、不安になったりしたときに教師に質問したか。
- 友達に手順を伝えようとしたり、友達の言葉を聞いて行動したりしたか。

❼ 授業の様子

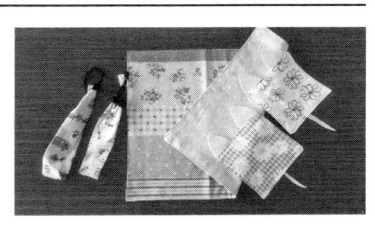

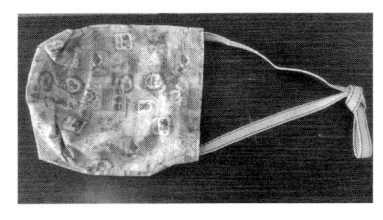

〈河野　和正〉

特別支援学校・中学部

友達と話し合って楽しむ
~物語を楽しもう~

１ ねらい

○ 日常生活に必要な言葉の理解を深め，コミュニケーションの基礎を培う。
○ 自分の意思を伝える力を高め，人とかかわり合って生活できるコミュニケーション力をはぐくむ。
○ 物語の情景や心情を読み取って情操を高め，言語生活を豊かにする。

２ 学習活動

(1) **物語を読んで，大まかなあらすじを理解する**
   ・読み語りを最後まで聞いて物語に興味をもつ。
   ・登場人物や大まかなあらすじを発表する。
(2) **物語を読んで，情景や登場人物の心情を読み取る**
   ・挿絵を参考にしながら，段落ごとの情景を読み取る。
   ・せりふに込められた登場人物の心情を読み取る。
(3) **友達とせりふのやりとりをする**
   ・友達と役を決めて，せりふの練習をする。
   ・せりふのやりとりのビデオを視聴し，活動を振り返る。
(4) **自分のせりふを覚えて言う**
   ・せりふカードを書く。
   ・せりふカードを読んで覚える。
(5) **お話会で発表をする**
   ・友達と協力して劇の発表をする。

❸ 指導上の留意点

○教材は，繰り返しの場面があって，あらすじがつかみやすく，挿絵があり場面ごとの登場人物がわかりやすい，登場人物のやりとりが多く，劇化しやすい物語を選ぶ。

○絵本の挿絵を提示することで，情景をイメージさせる。また，自分でやりたい役を選ばせ，発表するときは役の名札を着け，自分の役を意識する。

○音読で行をたどれない生徒がいるので，提示する文章の行間を十分取り，音読させるときは教師が差し棒で行をたどる。

○せりふを覚えていない生徒は，板書されたせりふを音読させる。このとき，役ごとに色を変えてフレームで囲み，音読する部分がわかるようにする。

○せりふを言うときの注意事項は，3点に絞って提示する。このとき，生徒が理解できるよう，わかりやすい言葉でイラストを提示しながら説明を行う。3点の注意事項は以下の通りである。①相手を見る。②はっきりと大きな声で言う。③身振りをつける。

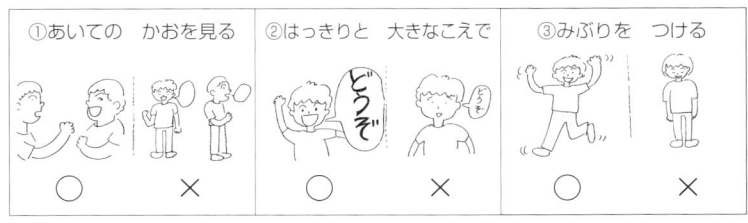

①あいての　かおを見る	②はっきりと　大きなこえで	③みぶりを　つける
○　　　　　×	○　　　　　×	○　　　　　×

○せりふのやりとりでは，生徒が自分で動けるよう教師が活動のなかに入って手本を示したり，立ち位置に印を付けたりする。

○発表の様子を録画し，あとで視聴することで視覚的に振り返りを行う。

○廊下を歩く人が気になる生徒や特定の友達の動きが気になり注意が散漫になる生徒がいるので，学習に集中できるような席の配置に配慮が必要である。

友達と話し合って楽しむ

④ 題材名「お話会をしよう」
〜ウクライナ民話「てぶくろ」〜

●ねらい
・物語を読んで登場人物や大まかなあらすじを話すことができる。
・友達のせりふを聞き，せりふのやりとりをすることができる。
・せりふを覚えてお話会で発表することができる。

●指導計画（全16時間）

1　物語を聞こう（2時間）
・教師の読み語りを聞く。
2　「てぶくろ」を読もう（5時間）
・物語を音読する。 ・物語の情景や登場人物の心情を読み取る。
3　せりふのやりとりをしよう（4時間）
・友達と一緒にせりふの音読をする。 ・役を決めてせりふのやりとりをする。
4　せりふの練習をしよう（3時間）
・せりふを読んで覚える。
5　お話会をしよう（2時間）
・劇の発表をする。

⑤ 個別の指導計画

●生徒の実態

	Aさん	Bさん
聞く 話す	・一斉学習では，聞いていないことがある。 ・独り言やおうむ返しがある。	・自分が話したいため，人の話を聞かないで話しはじめることがある。

40　聞くこと

	・二語文で意思を伝えることができる。	・話しはじめに言葉がスムーズに出ないことがある。
読む書く	・簡単な漢字交じりの文章を読んだり書いたりすることができる。	・簡単な漢字交じりの文章を読んだり書いたりすることができる。
社会性	・集団活動に参加できる。 ・カメラやパソコンに興味が強く、写真や動画を撮って楽しむ。	・集団活動に参加できる。 ・友達との協力や競争を意識させると意欲的になる。
学習状況	・言葉は明瞭で、短い文章は覚えて言うことができる。	・繰り返し練習することで短い文章を覚えることができる。

●学習展開（第11時）

3　せりふのやりとりをしよう		
ねらい	Aさん	・はっきりとせりふを言うことができる。 ・友達のせりふをよく聞き、自分の順番になったらせりふを言うことができる。
	Bさん	・短いせりふを覚えて言うことができる。 ・やりとりの相手のせりふを聞いてから、自分のせりふを言うことができる。

学習活動	個別の支援	
	Aさん	Bさん
1　前時までのあらすじを思い出す。 ・登場する順番に動物の名前を発表する。	・ホワイトボードに手袋を提示し、登場する順番に動物の名前を発表するよう促す。	・手袋や登場人物のペープサートをホワイトボードに提示して、登場の順番に動物の名前を思い出す。
2　音読をする。 ・全員で音読す	・せりふの中で覚えた言葉を隠して言う。繰り	・キーワードとなる言葉を取り上げ、1〜2音

友達と話し合って楽しむ　41

る。 ・役を決め，せりふを音読する。	返し練習を行い，覚えて言えるようにする。	ずつ発音練習をしたあとに，スムーズに言えるよう指の動きでイントネーションを指示する。
3 せりふのやりとりをする。	・発表の様子を録画することや，あとで視聴することを伝え，やる気をもつ。 ・教師と一緒にせりふのやりとりの練習を行い，自分がどうすればよいかイメージする。	・教師と友達のせりふのやりとりを見て，自分がどうすればよいかイメージする。 ・手袋（道具）を用意して，体を動かしながら友達と交互にせりふを言う。
4 録画を視聴して，振り返る。	・自分の発表の様子を録画で見ることで，よいところや悪いところに気づく。	・せりふを言うときの三つの注意事項について反省をする。 ・がんばったことは具体的に称賛し，自信をもてるようにする。

6 評価

・自分の役名や短いせりふを覚えて言うことができたか。
・せりふを大きな声ではっきりと言うことができたか。
・やりとりの相手のせりふを聞いてから，せりふを言うことができたか。

❼ 授業の様子

写真1　せりふを言ってから，手袋に入る

写真2　手袋の印を見て，
自分たちで場所を決める

〈金森　智子〉

特別支援学校・高等部

聞く力を育て，主体的に行動するための取組
～正確な作業を目指して：クリーン・サービス班～

1 ねらい

○指示を聞いて活動内容を理解し，主体的に作業を進めることができる。
○作業時の留意点やきまりなどの要点を聞き取り，グループ内で確認して情報を共有することができる。
○必要な情報のメモをとりながら指示内容を聞き取る習慣を身に付けることができる。

2 学習活動

(1) **作業学習に関する指示内容や留意点を聞き，理解して取り組む**
　・教師の指示を聞き取り，メモをとりながら活動内容を把握する。
(2) **担当グループで作業内容を確認し，役割を分担したり協力したりしながら作業を進める**
　・担当者間での打ち合わせを行い，情報確認と共有を図ってから作業を始める。
(3) **効率を図りながら指示された作業を遂行する**
　・作業手順に沿って作業に取り組む。
(4) **自分の役割や責任を果たし，正確な作業を行う**
　・チェックリストを活用して，担当者間で確認を行う。
(5) **作業活動を振り返り，できた点や自分の課題等をまとめる**
　・メモやチェックリストを見て，活動の振り返りを行う。

③ 指導上の留意点

○ 指示の要点を押さえて聞き取れるように，５Ｗ１Ｈで説明する。
○ 指示内容を聞く意識が高まるように，メモをとる習慣化を図る。
○ お互いに情報伝達することで，指示内容を正確に理解して取り組めるように，グループで確認する時間を設ける。

④ 題材名「文化祭（パワー祭り）を成功させよう」

●ねらい

・多くの来校者に気持ちよく文化祭を楽しんでもらえるように，すみずみまで校舎内をきれいにすることができる。
・販売活動や接客サービスを通して，接遇に関する基本技能を身に付けることができる。
・メモを見たり担当者打ち合わせをしたりしながら，自分の役割を理解して活動することができる。

●指導計画（全27時間）

1　文化祭に向けての計画を立てよう（2時間）
・文化祭に向けて準備を計画する。 ・作業班として取り組む内容を検討する。
2　校舎内をきれいにしよう（8時間）
＊生徒と共に清掃計画を立案する。 ・窓の清掃　　・床の清掃　　・トイレの清掃
3　接客サービスの練習（8時間）
・接客サービスの基本（マニュアル確認） ・サービスの実際（あいさつ，注文のとり方・伝え方，接遇のマナー）
4　文化祭（パワー祭り）の準備（4時間）
・看板の制作　　・食券の制作，準備　　・会場設営

5 文化祭（パワー祭り）（1日行事）
・商品の引き替え　　・飲み物のサービス

5 個別の指導計画

●生徒の実態

	Aさん	Bさん
聞　く 話　す	・話を聞いて行動できるが，最後まで正確に聞いて行動することは苦手である。 ・気になったことをすぐに言葉にすることがある。	・指示をほぼ理解して行動することはできるが，時系列で話すことが苦手である。 ・状況に応じた言葉遣いで話すことができる。
学習状況	・学習内容を確認しながら進めることで，ほぼ理解して取り組むことができる。	・教師の助言を聞いて，自分で考えながら学習活動に取り組むことができる。

●学習展開1（8時間）

1　清掃活動		
ねらい	Aさん	指示内容を理解して，手順や留意点を守って清掃作業をすることができる。
	Bさん	教師から受けた指示を担当者と確認して，正確に作業を遂行することができる。
校舎内の清掃活動（窓の清掃）		
学習活動	個別の支援	
	Aさん	Bさん
1　清掃作業の説明を聞く。	・要点を簡潔に記入できるように穴埋め形式のメモ用紙を使用する。	・自分で必要な情報を判断してメモをとる習慣が身に付くように，自

		由記述のメモを使用する。
2 担当者間で確認をする。 	・メモに修正がある場合は、朱書きで訂正するように伝える。 ・作業手順や留意点に沿った作業が難しい場合は、手順表で確認するように伝える。	・全員が情報を共有しながら打ち合わせを進められるように、打ち合わせ進行表を活用する。
3 清掃作業を行う。 	・チェック表を見て確認するように促す。 ・朱書きで訂正したメモを見て、聞き漏らしやすい点を教師と一緒に確認する。	・チェック表を見て、清掃終了箇所のチェックを行うように指示をする。
4 振り返りをする。	・留意点やチェック表で振り返り、次時に生かせるようにする。	・全体に気づいた点や改善点をまとめて発表するように伝える。

●学習展開2 (1日行事)

2 販売・接客活動		
ねらい	Aさん	注文を聞き取り、係に伝えたりお客に商品を渡したりすることができる。
	Bさん	お客と適切にコミュニケーションを図りながら活動を進めることができる。

文化祭(パワー祭り)イベント(軽食販売及び喫茶サービス)		
学習活動	個別の支援	
	Aさん	Bさん
1 販売・接客活	・事前学習で活用した接	・一緒に接客を担当する

聞く力を育て、主体的に行動するための取組 47

動に関する打ち合わせをする。	客マニュアルを見ながら対応方法を練習して，再度確認するようにする。	生徒同士で，段取りを考えるように指示をする。
2　販売・喫茶サービス活動を行う。	・販売時はお客から受けた注文を復唱し，担当者と確認してから提供するように指示をする。 ・喫茶サービス時は，注文票の記入後に注文内容を復唱してお客に確認するようにする。	・進んで接客活動ができるように，担当するテーブルを決める。 ・表情や態度に気を付けて応対するように指示をする。
3　振り返りを行う。	・できたことや難しかったことの振り返りを指示する。	・できたことや難しかったことの振り返りを指示する。

6 評価

・自分の役割を理解して，円滑に遂行することができたか。
・指示内容を確認して正確に取り組むことができたか。
・話し手の意図を考えながらコミュニケーションを図り，主体的に行動することができたか。

⑦ 授業の様子

```
            月   日(   )
1 時間 _____
  (終了時刻) _____
2 担当場所 _____
3 作業内容 _____
4 担当者名 _____
  (担当の先生) _____
5 目標 _____
  注意点 _____
       _____
```

資料1　作業学習で活用しているメモ帳（書き込み式）
＊必要がない生徒は自由記述のメモ帳を活用する。
＊要点を聞き取ったら，必ず担当者間で確認し，正確に行動できるようにする。

窓掃除のチェックリスト

✓ ✗

指さし確認をしよう

チェック項目	チェック
拭きすじは残っていないか。	
サッシはきれいか。	
窓に水滴は残っていないか。	
床に水滴は残っていないか。	
バケツの周りに水滴は残っていないか。	
戸締まりはしたか。	

資料2　清掃作業チェック表（窓掃除のチェックスト）

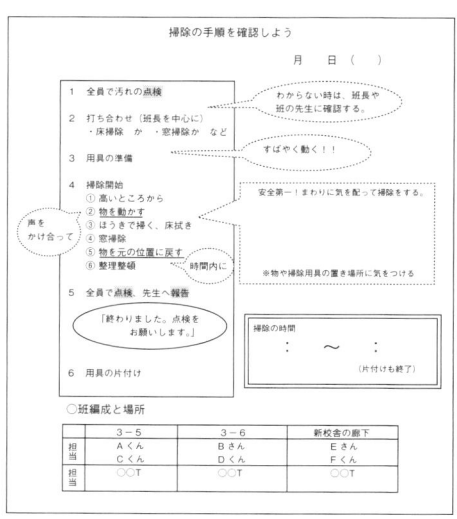

掃除の手順を確認しよう

　　　　　　月　日(　)

1　全員で汚れの点検
2　打ち合わせ（班長を中心に）
　　・床掃除　か　・窓掃除か　など
3　用具の準備
4　掃除開始
　　① 高いところから
　　② 物を動かす
　　③ ほうきで掃く，床拭き
　　④ 窓掃除
　　⑤ 物を元の位置に戻す
　　⑥ 整理整頓
5　全員で点検，先生へ報告
　　「終わりました。点検をお願いします。」
6　用具の片付け

- わからない時は，班長や班の先生に確認する。
- すばやく動く！！
- 安全第一！まわりに気を配って掃除をする。
- 声をかけ合って
- 時間内に
- ※物や掃除用具の置き場所に気をつける

掃除の時間
：　～　：
（片付けも終了）

○班編成と場所

	3-5	3-6	新校舎の廊下
担当	Aくん Cくん	Bさん Dくん	Eさん Fくん
担当	○○T	○○T	○○T

資料3　清掃作業の手順表（一例）

〈鈴木　貴之〉

特別支援学校・高等部

しっかり伝えて，聞いて，表現しよう！
～情報のINPUTとOUTPUT～

1 ねらい

○ 見たこと，聞いたことなどをできるだけ正確に理解し，相手に伝えることができる。
○ 聞いたこと，読んだことをできるだけ正確に理解することができる。また，聞きたいことを質問などすることができる。
○ 聞いたこと，読んだことを実際に実行したり，形に表現したりすることができる。

2 学習活動

(1) シンクロナイズドつみ木
 ・色，形，大きさなど様々な積み木を2セット用意し，パーテーションで分け，片方はある形を作っておく。
 ・生徒は「伝える側」と「作る側」に1名ずつ入り，「伝える側」はできている形を見て，言葉で伝える。「作る側」はその言葉を聞いて，同じものを作る。

(2) どこだかNAVI
 ・全員に同じ地図を用意し，一人だけにはスタート地点からゴール地点を示す。
 ・示された生徒はスタートからゴールまでの順序を言葉で説明し，周りの生徒はスタートからゴールまでを指示された通りに進み，同じゴールに行く。

(3) ミッション・イン・ボール
 ・6マスの穴がある箱と4色のボールを2セットずつ，ミッシ

ョンカードを用意し，代表生徒2名は，ミッションカードの指示に従って，早く，正しい穴にボールを入れる。早く正確に入れられた生徒が勝ち。

(4) マジックマスター
- 何種類かのマジック道具を用意。生徒は好きなマジックを選び，一人で説明書を読んで，マジックができるように練習する。
- 習得したマジックはみんなの前で披露し，拍手をもらう。

(5) 3分間クッキングメモ
- 簡単な料理レシピとメモ用紙を用意する。教員がレシピを読み，生徒は必要な情報をメモしていく。
- しばらくしてから，穴埋め式の料理レシピを配り，記入する。
- 自分のメモ用紙を見ながら実際に料理を作る。

③ 指導上の留意点

○ それぞれの課題は生徒の実態に応じて難易度を変更する。
○ 言葉での説明課題は，周りの生徒にわかりやすく聞こえるよう，声の大きさ，速さなど十分に注意する。
○ できなかったとき，わからなかったときは次につなげることができるように，問題点を示し，その場で伝える。同時に，よかった点，何がよかったのかなども周りの生徒にわかるように伝える。
○ 楽しく活動に取り組める雰囲気づくりをする。

④ 題材名「シンクロナイズドつみ木」

● ねらい
- 見たことを理解し（input），具体的に相手に伝える（output）ことができる。
- 聞いたことを理解し（input），正しく選ぶことや，形に表出

(output) することができる。
・わからなかったことを質問し，修正することができる。

●指導計画 (全3時間)

1　伝えること，聞くこととそのコツ
・「伝える側」と「作る側」に分かれてシンクロナイズドつみ木を行う。 ・できたところ，できなかったところを洗い出し，正確に伝える，作るために必要なことを見つける。
2　より正確に伝える，聞く
・より正確にシンクロナイズドつみ木を行うため，「作る側」が「伝える側」に質問できるように設定して行う。 ・前回との違いや，今回のできた点，問題点を洗い出す。 ・つみ木以外の物で応用する。
3　情報を手がかりにケーキを選ぶ
・色，形，大きさなどを手がかりに目的のケーキを買いに行く。

⑤ 個別の指導計画

●生徒の実態

	Aさん	Bさん
聞く 話す	・話を聞こうと努力することはできるが，意味がわかっていなかったり，それを流そうとしたりすることがある。 ・話すことは好きだが，要点が抜けていたり，文脈がずれていたりすることがある。	・単語ごとの意味がわからなかったり，難しかったりすると，そこで聞くのをあきらめてしまうことがある。 ・簡単な会話はできるが，あまり多く話をしようとはしない。
読む 書く	・漫画などを読むことが好きで，簡単な漢字も読むこと	・簡単な文章を読むことはできるが，長くなると理解が

	・ができる。 ・簡単な文章や会話文であれば書くことができる。	難しくなる。 ・書くことは好きだが，文脈があまり整っていないことが多い。
社会性	・真面目な性格で，初めて会う人とも会話を楽しむことができるが，気に入らないことは必要以上に怒ることがある。	・集団や大きな音が苦手。 ・授業が難しかったりわからなかったりすることがあると，あきらめて参加できないことがある。
学習状況	・基本的に意欲をもって取り組むことができる。クイズやゲーム形式のものはより興味をもちながら楽しんで参加することができる。	・比較的，授業に興味をもつことは少ないが，できると実感できたものは意欲的に取り組むことができる。

●学習展開（第2時）

2 より正確に伝える，聞く（シンクロナイズドつみ木）		
ねらい	Aさん	・「伝える側」では4～5個の積み木を色，形，大きさ，順序などを意識して伝えることができる。 ・「作る側」では，正しいか相手に確認しながら作ることができる。
	Bさん	・「伝える側」では2～3個の積み木を，色，形，大きさなどを意識して伝えることができる。 ・「作る側」では色，形，大きさなどをよく見て，正しい積み木を選ぶことができる。

学習活動	個別の支援	
	Aさん	Bさん
1 前回を振り返り，要点を確認する。	・「作る側」では質問してよいことを知る。	・色，形，大きさを意識する。
2 「伝える側」	・「伝える側」：色，形，	・「伝える側」：色，形，

しっかり伝えて，聞いて，表現しよう！

と「作る側」に分かれてシンクロナイズドつみ木を行う。	大きさ，順序などを意識して伝える。（画像A） ・「作る側」：質問，確認をしてより正確に聞き取る。	大きさなどを意識して伝える。（画像B） ・「作る側」：色，形，大きさを意識して作る。 ＊できるだけ成功体験を増やせるように支援を行う。
3　パーテーションを取り，答え合わせをする。合っていた点，間違っていた点を洗い出し，必要な要点を見つけ出す。	・合っていたところは評価し，間違っていたところは何を意識すればいいのかを考え，次回に生かす。	・合っていたところは評価し，間違っていたところは何を意識すればいいのかを知る。
4　ペン各種，タオル各種などでシンクロナイズド生活雑貨を行う。（応用）	・積み木以外でも，伝えるべき要点を見つけ伝えることができる。また，正しく選ぶことができる。	・積み木以外でも，色，形，大きさを意識して伝えることができる。また，正しく選ぶことができる。

←「シンクロナイズドつみ木」パーテーションで分け，右が伝える側，左が作る側

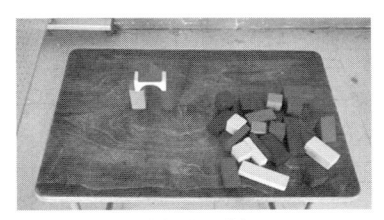

↑伝える側　　　　　　　　　　　　　↑作る側

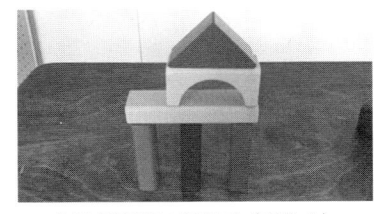

生徒の実態に応じて（画像A）　　　　　　　　　　　（画像B）

6 評価

・見たことを正確に伝えることができたか。
・聞いたことを正確に理解し，形に表現することができたか。
・聞きたいことを質問することができたか。

〈小原　基〉

特別支援学級・小学校

よく聞いて答えよう
～スリーヒントゲーム～

1 ねらい

○最後まで話を聞くことや注意して話を聞こうとする「聞く」態度を身に付ける。
○身近な物や人に関係するヒントを聞いて、それが何かまたはだれであるかがわかる。
○ゲームを通して順番を待つことやルールを守ることを知り、友達とかかわる楽しさを体験させる。
○発展的な学習として、校内の先生に伝言をしたり、用件を伝えに行ったりする(例えば、保健室に行って健康観察カードを届ける。栄養士さんに今日の献立を聞いて献立表をもらってくる。等)。

2 学習活動

(1) これなあに？　写真・絵カードと文字とのマッチング
　・野菜の名前あてゲームをする。
　・果物の名前あてゲームをする。
　・食べ物の名前あてゲームをする。
(2) **校内の先生の名前を覚える**
　・先生の名前を読む。書く。
　・学校たんけんをする。
　・校内の先生に自己紹介をする。
　・ツーヒントゲーム(二つのヒントを聞いて答える)をする。
　・スリーヒントゲームをする。

(3) 係の仕事をしよう（日常生活・生活単元）
・製作したカレンダーを毎月先生に届ける。
・保健室に健康観察板を届ける（係の児童）。
・事務室の栄養士に今日の献立を聞きに行く（係の児童）。

３ 指導上の留意点

○スリーヒントゲームでは，まず身近な物を題材にして物の名前のあてっこゲームをする。三つのヒントを聞いてから答えるようにさせる。ルールを理解させるために「ヒント１」「ヒント２」「ヒント３」「こたえをいう」の四つのカードを見せて「こたえをいう」のところで答えさせるようにする。待つことが苦手な子や集中が途切れがちな子にも，見通しをもたせることでルールの意味を理解させたい。

○授業の導入で絵本の読み聞かせをしてから授業に入るようにしている。本の好きな子どもたちにとっては，静かに本を聞くことで落ち着いてその後の活動にも集中することが多い。聞く学習としても効果的に活用している。

○ゲーム形式にすることで子どもの意欲を高め，楽しんで活動できるようにしたい。まずは，ルールを理解させるために簡単なルールで何度かゲームに親しむ。友達の発表を聞いたり，友達と活動したりしていく中で，聞く態度やルールが守れたかなどを即時言葉で評価して，友達や集団を意識させて活動させたい。

○校内の先生方とは日々接する機会が多い。この単元をきっかけに多くの先生方とかかわれるようにしていきたい。先生と会ったときにはあいさつをすることや，それぞれの部屋に入るときのあいさつやマナーも指導する。

○聞くことは，すべての学習の土台になる。話の聞き方や話の仕方については，教室に掲示して目に付くところに貼っておき，きちんと守らせたい。自分から気づいて注意できるように，常に声を

よく聞いて答えよう 57

かけていきたい。

4 題材名「先生の名前をあてよう」
～スリーヒントゲーム～

●ねらい
・先生の写真を見ながら三つのヒントを聞いて、どの先生のことを指しているか答えることができる。
・静かに話を聞くことや最後まで話を聞こうとする態度を身に付ける。

●指導計画（全20時間）

1　これなあに？　物の名前あてゲームをしよう（3時間）
・野菜の名前 ・果物の名前 ・食べ物の名前
2　校内の先生の名前を覚えよう（6時間）
・先生の写真を見て名前を言う。 ・先生の写真を見て名前を書く。 ・学校たんけんをする。 ・先生がいる部屋に行って自己紹介をしてくる。
3　スリーヒントゲームをしよう（5時間）
・ゲームのやり方を理解する。 ・ツーヒントゲームをする。 　二つのヒントを聞いてそれが何を指しているかを答える。 ・ヒントを三つにして最後まで聞いてから答える。
4　先生の名前をあてよう（6時間）
・先生の名前をスリーヒントゲームにして答える。 ・友達の作った問題を聞いて答える。

5　係の活動をしよう（日常生活で）
・係活動で校内の先生や教室に行って用件を伝える（ほけん係，こんだて係，音楽係など）。

5 個別の指導計画

●児童の実態

	Aさん	Bさん	Cさん
聞く	・大体の話は理解できる。 ・集中力が短いため，視覚的な援助が必要である。	・言葉や単語には反応するが，話の全体を理解することはまだできない。	・大体の話は理解できる自信がないため，友達の行動をまねて行動することが多い。
話す	・簡単な質問に答えることができる。 ・印象に残ったことは話す。	・聞かれたことは大体わかるが，質問の意味を理解して答えることが難しい。	・質問には答えるが，適切でなかったり意味を理解していなかったりすることがある。
読む	・大体の平仮名が読める。 ・拗音や促音はまだ難しい。	・平仮名は10音程度読める。 ・はっきりと発音をすることは難しいが，自分の意思を伝えようとする気持ちが強い。	・平仮名のほとんどは読める。 ・拗音や促音はまだ難しい。
書く	・平仮名はなぞり書き。自分の名前は書けるようになった。	・自分の名前は書ける。 ・平仮名は，視写で書けるようになってきた。	・平仮名は書けるが，自分で文章を作ることができないので，教師が言ったことを聞き取って書く。

よく聞いて答えよう

●学習展開 (第16時)

学習活動	個別の支援と形成的評価		
	Aさん	Bさん	Cさん
1 はじまりのあいさつ	・はっきりとあいさつの言葉を言う。	・正しい姿勢でいすに座る。黒板に書いた今日の学習予定を見て期待感をもつ。	・正しい姿勢でいすに座る。今日のめあてを聞いて課題がわかる。 ・話す人の顔を見て返事をする。
2 出席調べをする。 ・毎回交代で友達の名前を言う。	・一人一人名前カードを見ながら名前を呼ぶ。	・「はい」と手を挙げて返事をする。	
3 「月ようびはなにたべる」の物語を聞く。	・絵本を見て静かに話を聞く。	・絵本をよく見て静かに話を聞く。	・絵本をよく見て静かに話を聞く。
・月曜日から日曜日まで出てきた食べ物は何でしょう。	・曜日と食べた物のカードを正しく貼る。わからないときには絵本を見る。	・曜日と食べた物のカードを絵本を見ながら貼る。	・曜日と食べた物と動物のカードを正しく組み合わせて貼る。
・食べてみたいものは何ですか。	・自分の意見を話す。	・絵本のページの中から指を差して伝える。	・自分の考えをしっかりと話す。
4 先生の名前あてゲームをする。 ・ゲームのやり方を聞く。	・ゲームのやり方を静かに聞く。	・正しい姿勢で聞く。	・ゲームのやり方を理解しながら聞く。
・写真を見て	・写真を見て○○	・名前カードを見	・先生の名前を覚

60　聞くこと

名前を確かめる。	先生を言う。 ・名前カードを1文字ずつ指で確認しながら読む。	ながら先生の名前を読んで答える。	えて答える。
・スリーヒントゲームをする。	・最後までヒントを聞いて答える。	・最後までヒントを聞いて答える。答えられないときには，選択する写真を二つにしてどちらかを選ぶ。	・ヒントをよく聞いて答える。
5　答えた写真カードの枚数を発表する。	・教師と一緒に数える。	・自分で数えてから教師が確認する。	・カードを1枚ずつ数える。
6　終わりのあいさつ	・あいさつの言葉をはっきりと言う。	・正しい姿勢であいさつをする。	・話す人の顔を見て，正しい姿勢であいさつをする。

6 評価

・最後までヒントを聞いて答えられたか。
・先生の名前がわかったか。

〈遠藤　圭子〉

特別支援学級・小学校

俳句の楽しさを味わおう
～発表を通して，仲間とかかわる～

1 ねらい

○俳句を聞いたり音読したりして，五七五の俳句のリズムを楽しむことができる。
○学校行事と関連させながら季節ごとに取り組むことで，俳句を身近に感じ，楽しく俳句の学習に取り組むことができる。
○仲間が作った俳句のよさを見つけ発表し合うことで，仲間とかかわることができる。

2 学習活動

(1) **名句の音読について**
  ・松尾芭蕉が敦賀で詠んだ俳句「芭蕉十句」について音読し合う。
  ・手拍子や足踏みなど動きを取り入れながら楽しく音読し合う。

(2) **季語を入れた俳句作りについて**
  ・「あきのことば」から季語を選び，ワークシートに俳句を作る。
  ・作った俳句を清書し，空いたスペースに絵を描く。

(3) **句会について**
  ・作った俳句を音読し合う。
  ・ノートにいいなと思う俳句を書き写し，その理由を書く。
  ・いいなと思う俳句とその理由を発表し合う。

③ 指導上の留意点

(1) 名句の音読について
○芭蕉の紙芝居やすごろくを通して、松尾芭蕉が敦賀で詠んだ俳句「芭蕉十句」について興味をもつことができるようにする。
○教員は読み方のお手本として、言葉をゆっくりはっきり言うようにし、子どもたちが正しい読み方を聞いて覚えられるようにする。
○「たんたんたん、たんたんたんたん、たんたんたん」のリズムに合わせて体を動かしながら、楽しく音読し合えるようにする。

(2) 季語を入れた俳句作りについて
○季語の例を「あきのことば」として５音で構成されているものを示す。また、実物や写真を見せ、イメージをもつことができるようにする。
○五七五の言葉のリズムがわかるように、ワークシートにまずは平仮名で書くように指示する。
○選んだ季語について様子や気持ちなどについてメモを取るように声かけをする。想像をふくらませることができるような声かけや、言葉を削ったり付け足したりするなどの支援を個別に行う。

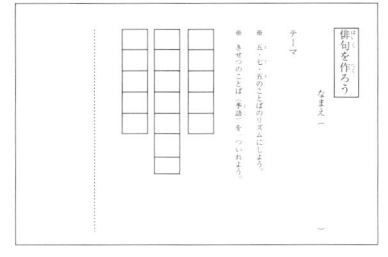

あきのことば				
あきのそら	さりぎりす	ぶどうのみ	おちばちる
いわしぐも	すずむしだ	みかんがり	いちょうのは
あきのやま	こおろぎだ	さんまやく	もみじのき
あきのかぜ	くりごはん	コスモスだ	まつぼっくり	いねをかる
ながれぼし	さつまいも	まつぼっくり	すすきのほ
あかとんぼ	かきたべる	どんぐりだ	さわやかだ

俳句の楽しさを味わおう

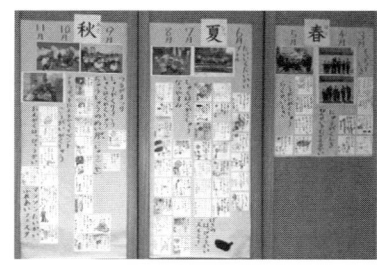

(3) 句会について
○「ぼく（わたし）は，○○さんのはいくがいいなとおもいました。りゆうは，～からです」という話型を用いて，いいなと思う俳句とその理由をノートに書いてから発表する。
○発表の手順を示し，教員が手本を見せる。発表のときの声の大きさやノートを持つ位置，話を聞くときの姿勢を確認する。
○授業後，感想を発表し合う時間を設ける。

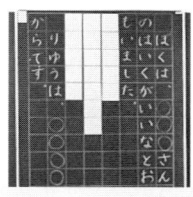

④ 単元名「俳句を作ろう〜秋〜」

●ねらい
・俳句を自分で音読したり,仲間の音読を聞いて表現方法をまねしたりして,俳句のリズムを楽しむことができる。
・五七五のことばのリズムに合わせて,秋の俳句をつくることができる。
・仲間の作品からいいなと思う俳句を選び,その理由を発表し合うことができる。

●指導計画（全7時間）　　　　　　　　＊春,夏,秋,冬の計4回行う。

1　名句を音読しよう（計2時間）
・芭蕉すごろくを通して,「芭蕉十句」を音読し合う。（1時間） ・「芭蕉十句」の中から好きな句を選び,暗唱し,紹介し合う。（1時間）
2　秋の俳句をつくろう（計3時間）
・「秋」と聞いてイメージするものを発表し合う。（1時間） ・「あきのことば」を示し,俳句づくりを行う。作った俳句を清書する。（2時間）
3　句会をしよう（計2時間）
・作った俳句を音読し合う。いいなと思う俳句を選び,その理由を発表し合う。（2時間　※2回実施）

⑤ 個別の指導計画

●児童の実態（学級9名中,2名について示す）

	Aさん（2年）	Bさん（5年）
聞く	・じっとして発表を聞くことは難しいが,内容は大体理解できている。	・耳からの情報に強い。発表を聞いて,感想を言うことや疑問点を質問することが

		・興味のあることは、よく聞くことができる。	できる。
話　す		・恥ずかしがってしまうが、前に出て発表することは好きである。	・早口になってしまうときがあるが、質問の意図通りに、意欲的に発表できる。
学習状況		・興味のある学習には意欲的に取り組むことができる。 ・俳句の学習は好きであり、五七五の音を考えながら、一人で俳句を作ることができる。	・国語の学習に苦手意識をもっている。 ・季語から連想されることをメモしながら、言葉を組み合わせて一人で俳句を作ることができる。

●学習展開（第6時）

3　句会をしよう		
ねらい	Aさん	・仲間の俳句の音読を聞き、表現方法をまねして楽しむことができる。発表を最後まで聞くことができる。 ・いいなと思う俳句を選び、話型を使って理由を書き、大きな声で発表できる。
	Bさん	・いいなと思う俳句を選び、話型を使って理由を詳しく書き、相手を意識して発表できる。 ・仲間の発表を聞いて、感想を伝えることができる。

学習活動	個別の支援	
	Aさん	Bさん
1　この時間の予定を知る。 2　作った俳句を音読し合う。 　・発表者：5音・7音・5音ごとに俳句	・発表者の方を向くように、声かけを行う。 ・声のものさしで声の大きさを確認する。	・大きな声でリズムよく音読ができるように声かけを行う。

を音読する。 ・発表者以外：発表者の音読を聞いて，5音・7音・5音ごとにまねをして音読する。 3　いいなと思う俳句を選んで，その理由を，話型を使って書く。 4　いいなと思う俳句とその理由を発表し合う。 ・発表者の顔を見て聞くことを確認する。 5　句会の感想を発表する。	・発表者を見て，静かに発表を聞くことができるように，合図を送る。	・「俳句を作ったときの様子を聞きます」と事前に伝えておく。

6　評価

・話型を用いて，自信をもって発表し合うことができたか。
・発表を意欲的に聞くことができたか。
・発表を通して，かかわりを広げることができたか。

〈宮﨑　真規子〉

特別支援学級・中学校

相手の考えを聞き取り，自分の思いをわかりやすく伝えよう
～思いを聞き，伝え合おう～

1 ねらい

○聞くとき，話すときのマナーや技術を習得する。
○自分の考えを発表し，他の人の意見を聞くことを通して，様々な考え方や価値観があることに気づく。
○互いの思いを伝え合うことを通して，ものの見方や考え方を深めたり，新しい考えを創造したりする。

2 学習活動

(1) よい聞き方，よい話し方について考える。
(2) 話し合いの仕方について考える。
 ・学級会を題材として，意見の出し方や整理の仕方を考える。
 ・自分の思いを相手に届けるためには，言葉だけではなく，表情や声の調子，間の取り方等も大切であることを気づかせる。
(3) インタビュー活動をする。
(4) 1分間スピーチをする。
(5) メモを取りながら，情報を正確に聞き取り，要点を確認する。
(6) 「心を温かくする言動」について，互いの意見を聞き，発表し合うことを通して，自分の考えを深めていく。

3 指導上の留意点

○「聞くこと」や「話すこと」に配慮の必要な生徒が安心して取り組めるように，必要な場合はだれでもマイクやヒントカードや

「友だち・先生の支援」を使うことができるということを，あらかじめ全員に伝えておく。
○すべての生徒が安心して発表できるように，温かい雰囲気をつくる。最初に，どの発表もよく考えられた，すばらしいものであるということと，友達の意見を聞き終わったあとは，自分の意見と比べながら，もう一度友達の言いたかったことについて考えてみよう，ということを伝えておく。
○１時間の授業の流れをルーティン化（最初は，個人でじっくり取り組む活動を，次は，グループ活動へ，最後は，全体で考え，話し合う活動へ）することで，生徒に活動の見通しをもたせる。
○発表や話し合いを通して，「聞く」ということは，相手の思いを受け止めるということであり，相手の心に近づくための第一歩であるということに気づかせる。

４ 題材名「友だちの思いを聞き，伝え合おう」

●ねらい
・聞くときは，話している人を見て，最後まで聞く。
・友達の発表をよく聞き，自分の意見と比べる。
・自分の思いや考えを発表する。
・互いの思いを聞き，伝え合うことを通して，自分の考えを深めたり，別の考え方に気づいたりする。

●指導計画（全19時間）

1　ティーム・ティーチングによる，絵本の読み聞かせを聞く（３時間）
・聞くことの楽しさを味わう。 ・全員で，一部分を音読する。声を出すこと，友達の声を聞くことの楽しさを味わう。 ・感想を伝え合う。

2 インタビュー活動をする（4時間）
・大事なことを落とさずに，聞いたり話したりする練習をする。 ・インタビューをする。 ・インタビュアー，インタビュイー，記録者の役割を通して，様々な「聞く」を考える。
3 1分間スピーチをする（5時間）
・スピーチの原稿を考えて，書く。 ・聞き手をスピーチに引きつけるための工夫や，自分の考えを聞き手に理解してもらうための工夫を考える。 ・スピーチをする。 ・感想を伝え合う。
4 情報を正確に聞き取り，要点を確認する（4時間）
・電話のかけ方，話し方，受け方のマナーを確認する。 ・電話を受けるとき，メモを取りながら聞き，要点を確認する練習をする。
5 自分の思いを発表し，友達の考えを聞き合う活動を通して，視野を広げたり，話し合いを通して，仲間と共に新しい考え方を見つけ出したりするような体験をする（3時間）
・「温かいスープ」という随筆を題材に，「温かい心」について考え，発表する。 ・「考える」「聞く」「話す」「話し合う」という活動を通して，感じたことを発表する。

5 個別の指導計画

●生徒の実態

	Aさん	Bさん	Cさん
聞く 話す	・話を聞いているとき，割り込んで話し出すことがある。	・話を正確に聞き取ることができる。 ・評価しながら聞くことができる。	・長い時間，集中して話を聞くことは難しい。 ・音が似ている言葉

	・発表が得意で、話し合いの場面では、積極的に発言する。	・聞き手の反応を見ながら、工夫して話すことができる。	の聞き間違いが時々ある。 ・要点を整理して話すことは難しい。
読む書く	・音読や朗読が得意である。 ・語彙が豊富で、作文や詩を考えて書くことができる。	・小説を読むことが好きである。 ・手紙を書くことが好きで、表現力が豊かである。	・絵本は一人で読むことができる。 ・自分の気持ちを短い文章で書くことができる。
学習状況	・苦手なことは、途中であきらめてしまうことがある。	・困難なことにも粘り強く取り組むことができる。	・理解が定着するまでには時間がかかる。

●学習展開（第17時）

5 自分の思いを発表し、友達の考えを聞き合う活動を通して、視野を広げ、仲間と共に、様々な考え方に気づいたり、新しい価値観を見つけ出すような体験をしたりする	
ねらい	Aさん	・聞くときは、話している人を見て、最後まで聞く。 ・感想を伝え合い、聞き合う活動を通して、様々な考え方に気づく。
	Bさん	・友達の発表を自分の考えと比べながら聞く。 ・感想を伝え合い、聞き合う活動を通して、「聞く」という行為が生み出すものについても考える。
	Cさん	・友達や教師の支援を受けながら、聞くときは、話している人を見て、最後まで聞く。 ・教師と一緒に感想を考え、発表する。

学習活動	個別（グループ）への支援		
	Aさん	Bさん	Cさん
1 本時の目標を知る。	・ボードを見て流れを知る。	・ボードを見て流れを知る。	・絵カードを見て流れを知る。

相手の考えを聞き取り、自分の思いをわかりやすく伝えよう

2 複数の教師による「温かいスープ」の朗読を聞く。	・大事だと思うところに線を引きながら聞くように伝える。	・大事だと思うところに線を引きながら聞くように伝える。	・教師は，Cさんが飽きないように表情も工夫する。
3 一部分を全員で音読する。	・声を合わせて読めていることを称賛する。	・間の取り方や発声の工夫を称賛する。	・声に出して読めていることを称賛する。
4 感想を書く。	・自分の気持ちをどんどん書いてみようということを伝える。 ・筆者が伝えたいことを考える。	・「もしも自分が〜だったら」と自分に引き寄せたり，いろいろな角度から考えたりして書いてみようということを伝える。	・登場人物の絵カードや，気持ちを表すカードを手がかりにして書けるよう，教師がそばで見守る。
5 感想を発表する。	・自分の考えと比べながら聞いてみようということを伝える。	・自分の考えと比べながら聞いてみようということを伝える。	・思いが伝わるように，様子を見ながら，教師が言葉を補う。
6 人の心と心を結び付けるものは何か，そして，それはどういう態度から生み出されていくのかを，話し合いを通して考える。	・話を最後までよく聞くことができていることを称賛する。 ・発表が終わったら，全員で拍手をして称賛する。	・話を最後までよく聞くことができていることを称賛する。 ・発表が終わったら，全員で拍手をして称賛する。	・話を最後までよく聞くことができていることを称賛する。 ・発表が終わったら，全員で拍手をして称賛する。必要があれば，教師が言葉を補い，Cさんの思いをみんなに伝える。
7 教師の話を聞く。	・みんなで一つのテーマについて考え，伝え合	・みんなで一つのテーマについて考え，伝え合	・みんなで一つのテーマについて考え，伝え合

	い，思いを受け止め合えて嬉しいという教師の気持ちを伝える。	い，思いを受け止め合うことができて，とても嬉しいという教師の気持ちを伝える。	い，思いを受け止め合うことができて，とても嬉しいという教師の気持ちを伝える。

6 評価

・聞くとき，発表者を見て，最後までよく聞くことができたか。
・自分の考えを発表することができたか。
・話し合いを通して，考えを深めたり，別の視点に気づいたりすることができたか。

〈安原　由子〉

特別支援学級・小学校

話を最後まで聞こう
~正しく聞き取る~

① ねらい

○日常生活に必要な「伝え合う力」の基盤となる聞く力を育てる。
○身近な人の話を最後まで聞いて,簡単な説明や指示を理解することができる。
○相手の話を聞いて,内容や要点を理解して行動に生かしたり,自分の考えをもったりすることができる。

② 学習活動

(1) **話し手の方を向き,最後まで聞く**
　・背筋を伸ばしたよい姿勢を保ち,話し手の方に視線を向けて,話を最後まで聞く。
　・話が終わるまで席を立たずに,聞く。
(2) **簡単な説明や指示を聞き取る**
　・二つ以上の指示を聞いて理解し,行動する。
　・順序性のある指示を聞いて,順番通りに行動する。
(3) **話の内容を正しく聞き取る**
　・話を聞いてから,話の内容に関連するクイズに答える。
　・「いつ」「だれが」「どこで」「なにをした」の4点に着目して話を聞き,質問に答える。
(4) **相手の話を聞きながら,要点をつかむ**
　・前もって提示した話のポイントに着目して,聞き取る。
　・話の内容で大切なところを意識し,簡単なメモを取りながら,聞き取る。

(5) 相手の話を聞き，自分の考えをもつ
 ・身近な事例や，児童が興味をもっている内容の話を聞き，自分の感想や意見を発表する。
 ・友達の感想と自分の考えを比べる。

③ 指導上の留意点

○話を聞く時間は，内容や児童の実態に合わせて設定し，時計やタイムタイマーを活用して，話が終わるまでの見通しがもてるようにする。

○着席して話を聞くことができる時間が少しずつ長くなるように，目標時間を設定して励みにする。いすに座った写真を撮って見比べ，正しい座り方を意識できるようにする。

○聞き取りの際には，話の中で大切な事項（いつ，どこで，だれが，何をした）の４点やクイズで着目する点をカードで提示し，正しく聞き取るためのヒントにする。

○聞き取りクイズの内容は，児童の生活に身近な食べ物や動物，植物，外来語等の中から用いるようにする。また，読み聞かせで読む文章も，平易で児童が興味・関心を示すものから選ぶ。

○本校全体で取り組んでいる，聞き方名人・話し方名人の合い言葉を教室掲示し，普段から正しい聞き方・話し方について意識させるようにする。

④ 題材名「聞き取りクイズをしよう」

●ねらい
・着席して，話を最後まで聞くことができる。
・話し手の方を向き，背筋を伸ばして聞くことができる。
・話の中に出てきた言葉やヒントカードに着目して聞き，クイズに答えることができる。

- 友達の発表を聞くことができる。
- 簡単なクイズを作って，クイズ大会をすることができる。

●指導計画 (全7時間)

1　動物クイズをしよう (1時間)
・身近でよく知られている動物の特徴について，説明文を聞く。 ・説明を聞いてから，該当する動物名を考えて発表する。

2　食べ物クイズをしよう (1時間)
・食べ物の種類別（野菜，果物，おやつ等，実態に応じて決める）に問題を出すことを確認する。 ・説明を聞いてから，該当する食べ物を考えて発表する。

3　給食クイズをしよう (1時間)
・毎日給食のときに提示されて説明を受けている給食一口メモの中から出されたクイズに答える。 ・関連する給食の献立や材料についての説明を聞く。

4　スリーヒントクイズをしよう (1時間)
・いろいろな分野からの出題であることを確認し，三つのヒントを聞いて該当するものを答える。 ・三つのヒントを考えて，クイズを作り，出し合う。

5　クイズの答えをノートに書こう (1時間)
・いつ，だれが，どこで，何をした，に着目して問題文を聞く。 ・問題を聞いてから，答えをノートに書き，答え合わせをする。

6　クイズ大会をしよう (2時間)
・これまで学習してきたクイズの中から，自分が作りたいクイズの種類を決める。 ・クイズを作るために参考にする本や資料を探し，カードに問題文やヒントを書いて準備する。 ・クイズ大会のルールを決めて確認する。 ・クイズ大会を行う。

5 個別の指導計画

●児童の実態

	Aさん	Bさん
聞く 話す	・集中して話を聞くことが難しく、体が動いたり立ち歩いたりする。 ・話の内容はほぼ理解できるが、勘違いが多い。 ・多弁で、一方的に話を進めてしまいがちである。	・興味のある話は、聞くことができる。 ・姿勢を保持し、話し手に視線を合わせて聞くことが苦手である。 ・大まかな状況の説明をすることができる。
読む 書く	・簡単な漢字交じりの文章を読むことができる。 ・主述の整った簡単な文を書くことができる。	・漢字交じりの短い文章を読むことができる。 ・平仮名で短文を書くことができる。
社会性	・落ち着きがなく、自分中心に行動しがちである。 ・支援を受けて、集団行動に参加できる。	・友達の様子を見ながら、集団行動に参加できる。 ・落ち着いているときと不安定なときの差が大きい。
学習状況	・一斉指示で学習するが、長続きしない。 ・理解力はあるが、取り組みでの支援が必要。	・個別支援を受けて決められた課題に取り組める。 ・興味のあるものの制作活動に集中して取り組む。

●学習展開 （第4時）

4	スリーヒントクイズをしよう	
ねらい	Aさん	着席して、三つのヒントを聞き、クイズに答えることができる。
	Bさん	話し手の方を向いて、クイズの問題を聞き、正しく答えることができる。

話を最後まで聞こう 77

学習活動	個別の支援	
	Aさん	Bさん
1　本時の学習内容を聞き，めあてを確認する。	・着席して問題を聞き，名前を呼ばれたら答えることをめあてにする。	・話し手の方を向いて問題を聞き，答えることをめあてにする。
2　スリーヒントクイズの内容とやり方の説明を聞く。	・三つのヒントを最後まで聞くことを確認する。 ・一番目のヒントは，動物，野菜，果物の中から出すことを確認する。	・三つのヒントを，よい姿勢で聞くことを確認する。 ・3種の分野からヒントが出されることを確認できるようにする。
3　クイズの問題を聞いて答える。	・問題をよく聞いて，該当するものの名前を考える ・指名されてから答えるように，声をかける。	・話し手に着目して最後まで聞けるよう支援する。 ・順番を守って答えられるよう支援する。
4　クイズの作り方を確認して，1問作り，クイズを出し合う。	・問題の答えを決めてから，三つのヒントを考えるよう助言する。 ・はっきり問題を言えるようにする。	・どの分野から出すかを決めて，ヒントと答えを考えるよう助言する。 ・順番を守って，クイズを出し合う。
5　めあてを振り返る。	・着席して問題を聞くことができたか振り返る。	・話し手の方を向いて聞くことができたか振り返る。

6　評価

・着席し，話し手を見て聞くことができたか。
・話を最後まで聞くことができたか。
・問題を聞いて，クイズに答えられたか。

❼ 授業の様子

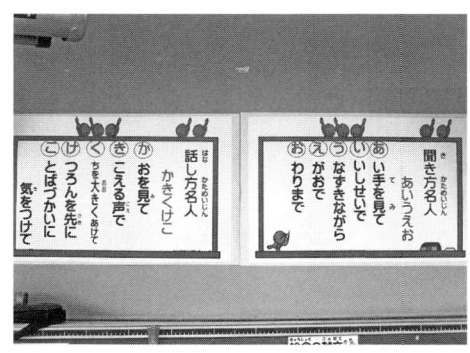

〈渡邊　秀子〉

特別支援学級・中学校

目指せ，聞き方名人！
聞き上手になろう！
〜必要なことを聞き取る〜

1 ねらい

○集中して他者の話を聞けるようにする。
○聞き取った内容を正確に理解できるようにする。
○日常生活でよく使われる，時間，場所，人物などについて，必要な情報を選択し言葉や文で伝えることができるようにする。

2 学習活動

(1) **話を聞くために必要な姿勢を知る**
　・「後ろ向き」や「他人と話しながら」など，様々な姿勢で話を聞き，どのような姿勢が話の内容を理解しやすいかを体験的に知る。
　・話を聞くために必要な基本的な約束を確認する（「話を聞く約束」背筋を伸ばす，手はひざ，話している人の目を見る，だれかが話しているときは話さない）。

(2) **聞くことに慣れる**
　・数十秒程度の短い話を，「話を聞くときの約束」を守って聞く。細かく評価をすることで，聞く姿勢を定着させる。

(3) **聞いた話を覚える**
　・伝言ゲームなどを通して，3〜4文節の短い文章を覚え，言葉で伝えたり，表したりする。

(4) **書くことに慣れる**
　・日常的に会話などで使われる基本表現（だれが，いつ，どこで，だれと，何をして，どうなった）などの例文をなぞり書

きする。
(5) 要点を選んで聞く
・日常的に会話などで使われる基本表現の話を聞いて，内容を理解し，そのなかで必要な情報を選択し，言葉や文で表す。

③ 指導上の留意点

○姿勢については他者との比較ではなく，個人内評価で生徒の自己肯定感を高めるようにする。集中できる時間も個人差があるので，短時間から取り組み，徐々に時間を延ばしていく。
○生徒が聞くことに集中しやすいよう，パーテーションなどで周囲が気にならないようにし，刺激を減らす。＜写真３＞
○数分程度の少し長めの話は，視覚的な教材を用いて内容がわかりやすくなるよう工夫する。
○「書く」学習作業では，必要な語句のみを書くようにし，できるだけ文字を書く負担を減らすようにする。

④ 題材名「話の中から必要なことを聞き取ろう」

●ねらい
・話を集中して聞くことができる。
・日常生活によく使われる，時間，場所，人物などの言葉に注意して聞き取ることができる。
・聞き取った内容を正確に文章で書くことができる。
・話を聞きながら，必要なことを書き取ることができる。

●指導計画（全6時間）

1 必要な言葉を聞き取る（回数編）
・30秒程度の話の中で，あらかじめ指定された言葉が何回出てくるかを数えながら聞き，回数を言葉で答える。

目指せ，聞き方名人！ 聞き上手になろう！

2	必要な言葉を聞き取る（時間，場所，人物編）
・30秒～1分程度の話の中から，時間，場所，人物などにかかわる言葉をそれぞれ聞き分け，それぞれの絵カードを話の内容通り並べる。	
3	聞いたことをもとに，質問に答える
・30秒程度の話を聞き，その内容をもとに質問されたこと（時間，場所，人物など）を，言葉で答える。	
4	聞いたことを，正しく書く
・30秒～1分程度の話を聞き，その内容の中から，時間，場所，人物について，ワークシートに書く。＜写真2＞	
5	話を聞きながら，必要なところに印を付ける
・話を聞きながら，指示された箇所に印を付ける。また，文章を聞き，その内容と異なっている文章や絵の箇所に印を付ける。	
6	話を聞きながら，メモをする
・話を聞きながら，内容をワークシートに記入する。	

5 個別の指導計画

●生徒の実態

	Aさん	Bさん	Cさん
聞く 話す	・聞く姿勢の保持が難しい。 ・集中して長時間の話を聞くことが苦手で，返事はするが，内容を覚えていないことが多い。	・相手を見て話を聞くことができる。 ・自分の趣味の話を中心に話す。気になったことはその場で話してしまう。	・相手を見て話を聞くことが難しい。 ・自分の世界で唐突に笑い出したり，話をしたりしてしまう。
書く	・漢字交じりの文章を書くことができる。	・書字の苦手さがあり，整った字を書くのに時間がかか	・漢字を使い丁寧な字を書くことができる。

	・聞きながら書くことはゆっくりやればできる。	る。 ・聞きながら書くことが難しい。	・2〜3音節の短い文章を聞きながら書くことができる。
社会性	・友達と積極的にかかわれるが，早口で一方的になりがち。	・電車や時間へのこだわりがあり，特定の話題でコミュニケーションが多い。 ・他者と比較し，勝ち負けで判断しがち。	・友達と積極的にかかわれるが，ふざけすぎてしまう。 ・思い通りにならないと不適切な言動が出ることがある。

● 学習展開（第5時）

5 話を聞きながら，必要なところに印を付ける	
Aさん	話を聞く姿勢を保持できる。指示に従って作業することができる。
Bさん	周囲のペースを気にしすぎず，自分で作業することができる。
Cさん	指示や説明を理解することができる。ふざけたり，自分の世界に入らずに学習に参加できる。

学習活動	個別の支援		
	Aさん	Bさん	Cさん
1 学習の流れとめあてを確認する。 ・「話を聞いて，指示された通りに作業しよう」	・姿勢を意識できるよう個別に声かけをする。	・姿勢を意識できるよう個別に声かけをする。	・顔を向けて話が聞けるよう，個別の声かけをする。
2 指示されたところに指示通りの印を	・聞く約束を確認し，答えを口に出さずに作業で	・指示を板書し，必要に応じて助言することで，	・授業に関係のない不規則発言などがあったとき

目指せ，聞き方名人！ 聞き上手になろう！

付ける。 ・指示されたキーワードごとに，丸印や棒線，波線など印を変えて作業する。	きるよう支援する。	周りを気にせず自信をもって作業できるよう支援する。	は，本人の気持ちを適切な言葉で言語化できるよう支援する。
・評価する。	・課題への評価に加え，約束を守れたことを評価し，シールを貼る。	・課題への評価に加え，自力で取り組めたことを評価し，シールを貼る。	・課題への評価に加え，適切な態度で取り組めたことを評価し，シールを貼る。
3　間違い探しをする。 ・生徒に絵を配り，絵の描かれている内容を教師が一つ一つ話す。生徒は絵の内容と説明が異なる部分を見つけ，異なっている部分に印を付ける。	・教師の説明に作業が追いつかず，あせってしまうときは「ゆっくり言ってください」という言い方を教える。	・指導者が近くで必要に応じてゆっくり読むことで，あせらずに取り組めるようにする。	・教師の説明に作業が追いつかず落ち着かないときには「もう一度お願いします」という言い方を教える。
・評価する。	・課題への評価に加え，約束を守れたことを評価し，シールを貼る。	・課題への評価に加え，自力で取り組めたことを評価し，シールを貼る。	・課題への評価に加え，適切な態度で取り組めたことを評価し，シールを貼る。
4　振り返り	・授業のめあてと	・授業のめあてと	・授業のめあてと

| | 各自の目標を達成できたことを評価する。 | 各自の目標を達成できたことを評価する。 | 各自の目標を達成できたことを評価する。 |

⑥ 評価

・「話を聞く約束」を守ることができたか。
・聞いたことを理解し，指示通りの作業ができたか。

⑦ 授業の様子

写真1　話を聞く約束　　写真2　リスニングプリント

写真3　机の配置

〈小田　和幸〉

話すこと

特別支援学校・小学部

伝えたいことを相手にわかりやすく伝える
～伝わる喜びを味わおう～

1 ねらい

○児童の特性に応じたコミュニケーション力を向上する。
○児童自身の願いを叶えるために，要求を周囲の人にわかりやすく伝える必要を知る。
○学習内容を，生活の中で活用する。

2 学習活動

(1) **拗音や撥音の含まれる言葉を正しく書き，話す学習をする**
　・教師が言う単語を児童なりにノートに書く。
　・教師が言った言葉と児童が書いた言葉が一致しているか一音ずつ確かめ，必要があれば訂正する。
(2) **主語を含まない二語文の構文の仕方と話し方を学習する**
　・イラストを見て，その様子を児童なりに言葉で表現する。
　・教師と一緒に単語を正しい順序に並べ直す。
　・教師と一緒に文を読む。
(3) **主語を含んだ三語文の構文の仕方と話し方を学習する**
　・児童や友達の写真を見て，その様子を児童なりの言葉で表現する。
　・教師と一緒に単語を正しい順序に並べ直す。
　・教師と一緒に文を読む。
(4) **主語を含んだ四語文で話す学習をする**
　・好きな活動をしてよい時間を設定し，児童のしたいことを児童なりに言葉で表現する。

・教師と一緒に正しい語順で表現する。
(5) **疑問詞「～ですか？」を使って話す学習をする**
　　・聞きたいことを質問する活動を設定し，知りたいことや確認したいことを児童なりに言葉で表現する。
　　・教師と一緒に正しい語順で表現する。

3 指導上の留意点

○単語を正しく話す学習では，一音一音を意識するために字をノートに書く方法で行う。また，構文の学習では，一語一語を意識するために，必要な単語をカードにしたものを使用し，それを並べる方法で行う。

○わかりやすいシンプルなイラストや実際に経験した活動を移した写真など，児童の関心の高いものを話す素材として準備する。

○話す楽しさや喜びを味わうために，教材を見て児童が話した内容に対して肯定的に受け止め，正しい語順を伝える際には，教師が話型の手本を示すようにする。

○正しい語順を理解し身に付けるために，教師と一緒の学習は一対一で行い，理解ができたら一人で行う個別学習を設定しておく。

○褒めるときには，「わかりやすく伝わったよ」「よくわかったから，嬉しいな」など，正しく伝えることで相手を喜ばせることができることを知らせ，正しく話そうとする意欲が高まるようにする。

4 題材名「いっしょに　はなそう」

●ねらい
・相手にわかりやすいように話す。
・誤学習している単語の発音を改善する。
・生活のなかに見られる様々な場面の表現の仕方を知る。

・自分の伝えたいことや知りたいこと，確かめたいことなどを相手に正しく伝え，正しく伝わる喜びを感じる。

●指導計画（全25時間）

1　読みたいな（5時間）
・拗音，撥音を含んだ言葉の中から，日常よく見聞きするものを選び，ノートに書く。書いたあと，教師と一緒に読む。 ・学習した言葉を含んだ会話をする場面を仕組み，会話をする。
2　伝えたいな（5時間）
・「〜を〜します。」という二語文の構成の仕方を学習する。 ・学習した二語文を含んだ会話をする場面を仕組み，会話をする。
3　もっと，伝えたいな（5時間）
・「〜は，〜を〜します。」という三語文の構成の仕方を学習する。 ・学習した三語文を含んだ会話をする場面を仕組み，会話をする。
4　もっともっと，伝えたいな（5時間）
・「〜は，（いつ）（どこで）〜を〜します。」などの四語文を含んだ会話をする場面を仕組み，会話をする。
5　知りたいな，確かめたいな（5時間）
・これまでの学習を活用し，疑問詞「〜か？」を付けると，わからないことや確かめたいことを相手から聞くことができることを知る。 ・疑問詞「〜か？」を使って質問をする場面を仕組み，質問をし，回答を得る体験をする。

5 個別の指導計画

●児童の実態

	Aさん
社会性	・人とかかわることを好んでいる。 ・間違いを受け入れるのは，難しいことがある。 ・わからないことや困ったことがあると黙り込み，解決しないままになる。
聞く 話す	・話をするときは，「○○が，○○が，○○が，○○です」のように話す。 ・自分の気になっていることは，繰り返し確認をする。 ・自分への質問に対しては，正しく答えることができない。
読む 書く	・平仮名，片仮名を読むことができる。 ・文章は，一字ずつ拾い読みで読むことが多い。 ・平仮名で簡単なものの名前を書くことができる。
学習状況	・平仮名，片仮名の51音を読み書きできる。 ・定型の文章で受け答えの学習をしたことがある。

●学習展開（第12時）

3　もっと，伝えたいな		
ねらい	Aさん	・様々な活動の表現の仕方を視覚的に理解する。 ・様々な活動を音声言語で表現する。

学習活動	個別の支援
	Aさん
1　学習の流れを知る。 2　イラストを見る。 3　イラストと文節カードをマッ	・3段ボックスに入った学習用具を見せ，上の段から順に学習を行うことを知らせる。 ・イラストを見ながら思ったことを児童が話し，教師が聞く。肯定的に受け止める。 ・イラストに合った文章を教師と一緒に考えながら，文節カードを並べるよう指導する。

伝えたいことを 相手にわかりやすく伝える　91

チングする。	・わからないときには「わかりません」と言って教師に尋ねてよいことを知らせたり，言い方の手本を示したりする。
4　教師と一緒に確かめる。	・イラストを見ながら，作った文章を児童が読む。 ・間違っていたら，教師と一緒に訂正し，読む。
5　学習を確認する。	・すべてのイラストの文章を作ることができたことを確かめる。 ・正しく文章を作ったこと，わからないときに「わかりません」と言えたこと，間違ったところを訂正できたことを褒める。

(6) 評価

・イラストの様子を表す文章を，文節カードを使って作ることができたか。
・わからないときに，「わかりません」などと言うことができたか。
・間違ったところを落ち着いて訂正することができたか。

❼ 授業の様子

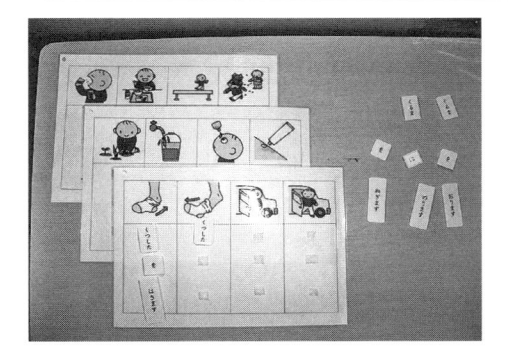

〈坂口　百恵〉

伝えたいことを 相手にわかりやすく伝える　93

特別支援学校・小学部

たのみじょうずになろう！
〜絵本を読んでまねしてみよう〜

1 ねらい

○絵本に注目し，見聞きすることができる。
○登場人物とのやりとりを楽しむとともに，言葉や身振りサインで要求を伝えることができる。

2 学習活動

	題材名	指導時間数	学習方法
1	ももたろう	4 h	パネルシアター →せりふ（一斉） →役割演技
2	ぞうくんのさんぽ	1 h	絵本の読み聞かせ →せりふ（一斉）
3	ねずみくんのチョッキ	1 h	絵本の読み聞かせ →せりふ（一斉）
4	ね，ぼくのともだちになって！	2 h	絵本の読み聞かせ →せりふ（一斉）
5	くもさん　おへんじどうしたの	3 h	絵本の読み聞かせ →せりふ（一斉） パネルシアター →役割演技

（1）　絵本の読み聞かせを楽しみ，話のあらすじや登場人物に親しむ。

(2) 友達と声をそろえて,せりふを言う。
(3) 演じたい役を選び,登場人物とのやりとりを楽しむ。
(4) 「ねぇ,ねぇ,○○さん」(呼びかけ),「〜してください」の
パターンをまねしながら,言葉や身振りサインで要求を伝える。

③ 指導上の留意点

○絵本の選定に当たっては,次の条件を満たすものにする。
・話のあらすじが簡単でわかりやすい。
・登場人物が子どもたちにとって身近で,親しみがもてる。
・要求を伝えるせりふが繰り返し出てくる。
○登場人物の確認をするなど,教師とのやりとりを通して,積極的に声を発する場面を設ける。
○友達と声をそろえてせりふを言うことができるように,ゆっくりしたテンポで,タイミングを合わせやすい合図を出す。
○子どもたちの興味・関心を高め,楽しく演じることができるようにパネルシアターを用いる。
○子どもたちの実態に即した,子どもが伝えやすい意思伝達方法を探り,それぞれが受け入れやすい支援を工夫する。
○「ねぇ,ねぇ,○○さん」「〜してください」のようなパターンのやりとりを日常生活の場面でも生かせるように,繰り返し学習することで,定着を図る。

④ 題材名『くもさん おへんじどうしたの』

●ねらい
・登場人物に注目したり,出来上がっていく「くも」の巣の感触を楽しんだりして,見聞きすることができる。
・「ねぇ,ねぇ,○○さん」(呼びかけ),「〜してください」のパターンをまねしながら,言葉や身振りサインで要求を伝えることが

できる。

●指導計画（全3時間）

①『くもさん　おへんじどうしたの』の絵本を見よう（1時間）
②『くもさん　おへんじどうしたの』の登場人物になってみよう（2時間）

5 個別の指導計画

●児童の実態

	Aさん（5年生）
聞　く 話　す	・話す人を見て，聞くことができる。 ・発音が不明瞭で聞き取りにくさはあるが，伝えたいという思いは強い。
読　む 書　く	・平仮名で書かれたものを，1文字ずつ確認しながら読む。 ・ガイド線をしっかりと見てなぞり書きをすることができる。
社会性	・人とのかかわりを喜び，困っている友達に手を貸したり，笑顔であいさつしたりすることができる。
学習状況	・周りの人の動き，音，ものが気になって取り掛かりに時間がかかることは多いが，学習意欲は高まってきている。

●学習展開

5 『くもさん　おへんじどうしたの』②登場人物になってみよう	
ねらい	・しっかりと声を出し，友達と声をそろえて，せりふを言う。 ・「ねぇ，ねぇ，○○さん」（呼びかけ），「～してください」のパターンをまねしながら，言葉や身振りサインで要求を伝える。
学習活動	個別の支援
1　ウォーミングアップの歌（発声練習）	・声を出すタイミングを合わせやすいように，合図を送る。

『パッパラッパハイキング』	
2 みんなで音読 「あいうえおのうた」 （詩）	・目で追いやすいように，さし棒等で読むところを示す。
3 プリント学習 ・ひらがな練習 ・自分の名前	・すぐに取り掛かることができるように，ＳＴは筆記用具の準備を促す言葉かけをする。 ・一人でなぞり書きをする際，書き順を間違えやすい字は，１画目を意識できるように朱書きする。
4 『くもさん　おへんじどうしたの』 ・パネルシアターで見よう ・みんなもくもさんに話しかけてみよう（役割演技）	・「これはだれだ？」など，登場人物をその都度質問し，確認しながら読み進めていく。 ・他の児童が先に言ってしまうことがあるので，Ａさんを指名して答える場面を確保する。 ・友達が演じる姿に合わせ，一緒に「ねぇ，ねぇ，くもさん」と肩をたたいて呼びかける練習をすることで，パターンを覚えることができるようにする。 ・せりふがはっきりと言えるように，一緒にタイミングをとりながらゆっくり言うようにする。
5 きょうの「たのみじょうず」 （評価）	・上手にできていたところをしっかりと褒めて，達成感を味わわせる。

6 評価

・絵本に注目し，見聞きすることができたか。
・登場人物とのやりとりを楽しむとともに，言葉や身振りサインで要求を伝えることができたか。

⑦ 授業の様子

　本校小学部の高学年グループでは，週1時間，縦割りグループで「こくご」の時間を設けている。これは，4年生から6年生の児童5名で行っている「こくご」の時間の取組である。

　集団学習のよさを生かした学習と，個に応じた学習課題で授業を構成し，児童が見通しをもって学習に取り組むことができるように，年間を通してほぼ同じ流れで授業を展開した。授業の流れはすぐに定着し，見通しをもち，特に絵本やパネルシアターを楽しみに参加する姿が見られた。

　構音に難しさがあり，言葉が不明瞭な児童も多いため，楽しく声を出すことを大事にした。体でリズムをとりながら歌ったり，教師の問いかけに対して，友達同士競い合うようにして答えたりと，元気のよい声がたくさん聞かれ，楽しい雰囲気の中で学習することができた。

　楽しみながら，繰り返し学習をしたことで，「ねぇ，ねぇ，○○さん」「〜してください」のパターンを覚え，日常生活場面でも言葉や身振りサインで要求を伝えようとする姿が増えている。

まずは，出来上がっていく「くも」の巣の感触を楽しむ

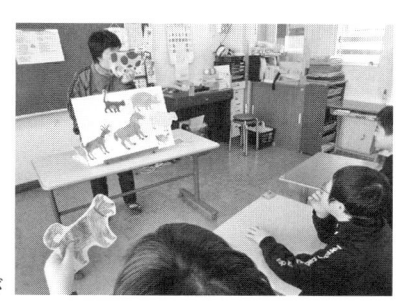

「どの役になろうかな？」と選ぶ

「ねぇ，ねぇ，くもさん」と話しかけてみよう

〈勝部　弘子〉

[使用教材]
なかのひろたか『ぞうくんのさんぽ』福音館書店，1977年
なかえよしを『ねずみくんのチョッキ』ポプラ社，1974年
エリック＝カール『ね，ぼくのともだちになって！』偕成社，1991年
エリック＝カール『くもさん　おへんじどうしたの』偕成社，1985年

特別支援学校・中学部

気持ちを伝えよう
～「何を」「だれに」伝えるかを考えよう～

1 ねらい

○「人に自分から働きかける」というコミュニケーションの基礎を養う。
○「伝えたい内容」と「伝える相手」を自分で考え、二語文程度の一つのまとまり（文）としてつなぐことができる。
○自分の生活に関係する身近な文字（平仮名，漢字等）に触れる機会を通して，文字に対する理解を高め，使用することができる。

2 学習活動

(1) **自分がやりたい活動を，そばにいる教師に自分でカードを手渡すことで伝える**
　・やりたい活動（例「パズル」など）を表したカードを手元のボードから自分で取る。
　・取ったカードをそばにいる教師に手渡し，カードの内容の活動（例「パズル」など）をすぐに行う。
(2) **自分がやりたい活動を，遠くにいる教師に自分でカードを持って行き，手渡すことで伝える**
　・やりたい活動を表したカードを，同じ教室内にいる教師に自分から動いて持って行き，気持ちを伝える。
　・少し離れた位置に置いてあるカードを自分で取りに行き，近くの教師に近づき，手渡す。
(3) **複数のカードの中からやりたい活動を選んで教師に渡す**
　・数枚のやりたい活動（例「パズル」「本」「パソコン」など）

をカードの中から一つ自分で選ぶ。
(4) **やりたい活動（例「パズル」「本」など）に述語部分（例「貸してください」など）も加えて一緒に教師に手渡す**
   ・やりたい活動をカードで選び、あらかじめ貼っておいた述語部分のカード（例「貸してください」）の左側に貼り付ける。
   ・活動（例「パズル」「本」など）と述語部分（例「貸してください」）が並んで貼り付けてあるカード台紙を教師に手渡す。
(5) **伝えたい相手（教師）と伝えたい内容（活動）と述語をそれぞれカードで選び、一つの枠にまとめて手渡す**
   ・やりたい活動のカード、述語部分のカード、伝えたい相手のカードの順に選び、所定の枠を設けたカード台紙に貼り付ける。

❸ 指導上の留意点

○学校生活において生徒が好きな活動（例「パズル」など）をカードで示しておき、授業時間だけでなく授業の合間や昼休みの時間など、カードで気持ちを伝える場面を多く設定する。
○自分から少し離れた教師にカードで伝える際には、本人が手を伸ばして届く範囲から始め、少しずつ距離を延ばすなどスモールステップで取り組む。
○複数のカードの中からやりたい活動を選ぶ際には、2枚のカードから始めるようにし、好きな活動のカードの表示を他のカードと区別しやすいように工夫する。
○述語部分の学習では、あらかじめ述語部分のカード（例「貸してください」など）を教師がカード台紙に貼っておき、そこにやりたい活動のカード（例「パズル」など）を貼るようにするなど、成功体験を重ねることで述語部分の意味を徐々に理解できるように促す。
○教師の問いかけや誘導に応じて本人が気持ちを伝えるのではな

く,「相手に伝えたい」という本人の気持ちの高まりや自発的な動きを大切にする。

④ 題材名「いろいろな先生に伝えよう」

●ねらい

・「～先生（相手）」「～を（活動）」「例, 貸してください（述語）」という3枚のカードをそれぞれ自分で選び, 一つの枠に並べることができる。
・特定の教師だけでなく, いろいろな教師にカードを使って自分の気持ちを伝えることができる。
・多くの教師に自分の気持ちを伝えて「よかった！」「楽しかった！」と思える成功体験を多く重ねる。

●指導計画

1 　3枚のカードを順番に並べて貼り付ける
・やりたい活動のカード（複数枚から）→述語カード（1枚から）→相手カード（1枚から）の順にそれぞれのカードを選ぶ。 ・選んだ順にカード台紙に並べて貼り付け, 教師に手渡す。
2 　複数枚（2枚）から述語のカードを選んで気持ちを伝える
・やりたい活動のカード（複数枚から）→述語カード（2枚から）→相手カード（1枚から）の順にそれぞれのカードを選ぶ。 ・2枚の述語カードは,「貸してください」「行きたいです」から1枚を選び, 1の活動と同じようにカード台紙に貼り付ける。
3 　いつもと違う教師に気持ちを伝える
・やりたい活動のカード（複数枚から）→述語カード（2枚から）→相手カード（1枚から）の順にそれぞれのカードを選ぶ。 ・いつもと違う教師しかいない場面で, 相手カードを確認し自分で取る。 ・いつもと違う教師のカードをカード台紙に貼り付け, その教師に手渡し, 気持ちを伝える。

4	各カードをそれぞれ複数枚の中から選んで気持ちを伝える

- やりたい活動のカード（複数枚から）→述語カード（2枚から）→相手カード（3〜4枚から）の順にそれぞれのカードを選ぶ。
- 伝える相手を確認し，3〜4枚程度の相手カードの中から適切にカードを選ぶ。

5 個別の指導計画

●生徒の実態

	Aさん
聞く話す	・「Aさん〜に行きましょうね」「Aさん〜をお願いします」などの簡単な内容の言葉は，聞いて理解できる。 ・言葉の表出はほとんどないが，相手を見て自分の気持ちを伝えようとする意欲は高い。
読む書く	・身近なもの「名前」「好きな活動」「好きな場所」の平仮名や片仮名，漢字の表記等に興味があり，文字の内容や読み方を理解している。
社会性	・初めての人にも自分から近寄っていき，相手の手を取り，クレーンで取ってほしいものを伝えることが多い。 ・自分がやりたいことや係活動などは，最後までやり遂げたいという気持ちが強い。
学習状況	・新しいカードや文字などを見ることに興味が高く，「写真と文字のマッチング」や「簡単な単語（平仮名）の構成」などの学習に意欲的に取り組む。

●学習展開

4	各カードをそれぞれ複数枚の中から選んで気持ちを伝える	
ねらい	Aさん	・やりたい活動のカード，述語カード，相手カードのそれぞれを複数枚の中から選ぶことができる。 ・選んだ順にカードをカード台紙に並べて貼り付け　近くの

気持ちを伝えよう　103

学習活動	個別の支援
	Aさん
1 やりたい活動（カード）を選び，カード台紙に貼る。	・「パズル」「パソコン」「図書室」など，本人が日頃から好きな活動や場所を文字で表したカードを用意する。 ・本人がやりたい活動があらかじめわかっている場合は，そのカードを本人が目について取りはずしやすい位置に貼っておく。
2 述語の部分（カード）を選び，カード台紙に貼る。	・「貸してください」「行きたいです」の2種類の述語カードを用意する。 ・違う位置に貼ろうとした場合は，教師が手を添えて正しい位置に貼るように促す。
3 伝えたい相手（カード）を選び，カード台紙に貼る。	・日頃からかかわりのある教師3人分の相手カードを用意する。 ・本人が，これから伝えようとする目の前の相手をしっかりと見ているか確認する。
4 伝えたい相手にカード台紙を手渡しする。	・伝える相手の教師は，本人が手渡ししやすいよう，近くで待つ。 ・手渡しされた教師はカード台紙の内容を「(例) 〜先生，パズル，貸してください，ですね」と声に出して確認する。
5 自分で伝えたやりたい活動に取り組む。	・本人がリクエストした活動「(例) パズル」の道具をすぐに取り出し，一緒に遊ぶ。

（表の最上部欄：教師に手渡しすることができる。）

6 評価

・やりたい活動のカード，述語カード，相手カードのそれぞれを複数枚の中から選ぶことができたか。
・選んだカードをカード台紙の所定の位置に並べて貼り付け，近くの教師に手渡しすることができたか。

❼ 授業の様子

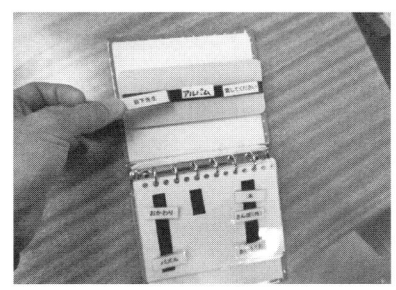

写真1　一覧の中から各カードを順番に選ぶ

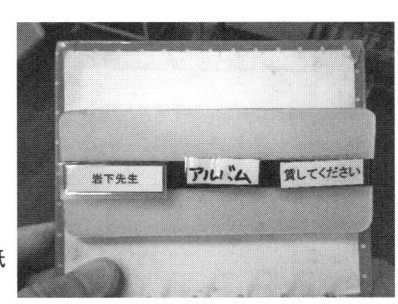

写真2　3枚のカードをカード台紙に順番に並べて貼り付ける

写真3　カード台紙を教師に手渡し気持ちを伝える

〈田﨑　弘明〉

特別支援学校・中学部

自分の経験したことや気持ちを伝えよう
～相手にわかるように伝えよう～

1 ねらい

○自分のことや経験したこと、そのときの気持ちなどを相手にわかるように話すことができる。
○自分が伝えたいことを、要点を押さえた簡単な文で書くことができる。
○伝え合う楽しさを味わい、コミュニケーションへの意欲を高めることができる。

2 学習活動

(1) **自分のことを言葉で表現する**
　・自分の名前や好きなものなどについて、文に書き表す。
　・相手に伝わるような話し方で、自己紹介をする。
(2) **自分の経験したことを言葉で表現する**
　・学校や家庭で経験した楽しい出来事について、「いつ」「どこで」「だれと」「何をした」の項目について文に書き表す。
　・相手に伝わるような話し方で、書いた作文を読む。
(3) **自分の気持ちを言葉で表現する**
　・学校や家庭で経験した出来事について、そのときの自分の気持ちを言葉で書き表す。
　・相手に伝わるような話し方で、気持ちを伝える。

③ 指導上の留意点

○ 1時間の学習を，3部構成にし，知識・技能の習得とその活用，意欲の向上をねらう。
○「ラーニングタイム」では，語彙を増やしたり，言葉のカテゴリーを知ったりするため，写真カードや色別グループ表等を使い，操作しながら楽しく学ぶようにする。既習事項に未習事項を少しずつ加えることで，スモールステップで学べるように配慮する。
○「チャレンジタイム」では，「ラーニングタイム」で生徒が使用したカードや作成した表を手がかりに文を構成できるようにする。
○「振り返りタイム」では，生徒が書いた文を発表し合い，どのような内容であったかを聞き合うことで，相手によくわかるような話し方を意識し，伝わったことの喜びを味わわせる。

④ 題材名「経験したことをわかりやすく伝えよう」

●ねらい
・経験したことを的確に説明することができる。
・相手に伝わるように話すことができる。
・仲間と伝え合おうとする意欲を高めることができる。

●指導計画（全10時間）

1　言葉や文について知ろう（2時間）
・絵カードを見て，身近なものの単語を言う。 ・「いつ」「どこで」「だれと」「どうした」の各質問について答える。

2　学校や家であったことを伝えよう（6時間）
・学校行事や休日にしたことの写真を見ながら，「いつ」「どこで」「だれと」「どうした」の内容が入った「思い出カード」を作り，発表し合う。

3　いろいろな人に伝えよう（2時間）

・自分が作った「思い出カード」を同じ学部の友達や先生に見せてわかりやすく話をする。

5 個別の指導計画

●生徒の実態

	Aさん	Bさん	Cさん
聞く 話す	・相手を見て正しく聞き取ることができる。 ・日常化した一〜二語文で伝えるが，発音が不明瞭である。	・集団で話を聞き理解することが難しい。 ・要求や報告を単語で伝えることができる。	・注意喚起で相手を見て聞き取ることができる。 ・簡単な出来事を二〜三語文で話すことできる。
読む 書く	・平仮名を読んだり書いたりすることが難しい。	・平仮名と片仮名の読み書きができるが，拗音・濁音を間違える。	・平仮名と片仮名の読み書きができるが，書き飛ばしや拗音・濁音を間違えがある。
社会性	・仲間に声をかけるなどリーダー的存在である。	・相手意識が希薄で，一人での活動が多い。	・仲間と一緒に活動することが好きである。
学習 状況	・学習に意欲的で，難しいことは手がかりを使って課題解決を図ろうとする。	・課題の理解に支援が必要であるが，見通しがもてると，集中して行える。	・姿勢の保持が困難であり，学習への取り掛かりに時間がかかる。

●学習展開(第7時)

2 学校や家であったことを伝えよう		
ねらい	Aさん	・事柄に合う言葉カードを選び,手本を見て文を書くことができる。 ・補助的手段を使って発表できる。
	Bさん	・「いつ,どこで,だれと,どうした」について文を書くことができる。 ・相手の方を向いて発表できる。
	Cさん	・平仮名の表記に気を付けて文を書くことができる。 ・相手に聞こえるように発表することができる。

学習活動	個別の支援		
	Aさん	Bさん	Cさん
1 本時の学習内容を確認する。	・写真入りカードと発表で学習内容を知る。	・スケジュールを発表し学習内容を理解する。	・写真入りカードと発表で学習内容を知る。
2 ラーニングタイム	・4つのカテゴリーを意識できるように,貼り付ける表を4色に色分けしておく。		
・身近な言葉が書かれたカードを「いつ,どこで,だれと,どうした」の四つのカテゴリーに分け,表を作る(2グループの対戦形式で)。 ・評価し合う。	・言葉カードの理解を助けるために言葉カードに写真を添付する。	・活動に参加する手がかりとして,友達にカードを手渡してもらう。	・分類の手がかりとなるように,例示の言葉カードを貼っておく。
	・カードの貼り間違えに生徒自身が気づき,直せるように,指導者と一緒にボードのカードを確認する時間を設ける。		
3 チャレンジ	・順序よく並べられるように,台紙に,四つのカテゴリー		

自分の経験したことや 気持ちを伝えよう 109

タイム ・思い出の写真を見て,「いつ,どこで,だれと,どうした」についてカテゴリー表から言葉カードを選び,台紙に並べる。	の順番を示しておく。 ・言葉カードの文字の読み方を確認できるように,音声表出シールを貼っておく。	・わからないときは指導者を呼び質問するように声をかけておく。	・わからないときは友達や指導者を呼び,質問するように声をかけておく。
・台紙に並べた言葉カードを参考にしながら,「思い出カード」を書く。	・文字の形が意識できるように,文字枠入りワークシートを用意する。 ・間違えた文字を練習できるようにタブレット端末を用意する。	・「思い出カード」と台紙を同じ形式にし,順序よく書けるようにする。 ・文字の間違いは台紙の言葉カードを再度確認するように助言する。	・文字の書き飛ばしがないよう,文字枠入りワークシートを用意する。 ・文字の書き飛ばしや間違いは指導者と一音ずつ発音しながら直す。
4 振り返りタイム	・相手の方を向いて発表できるように発表台を置いておく。		
・「思い出カード」を発表する。	・音声表出機器で発表できるように用意しておく。	・発表の際に気を付けることを発表台上に掲示しておく。	・発表の際に気を付けることを発表台上に掲示しておく。
・友達の発表について「いつ,どこで,だれと,何をしたか」を聞	・聞き取った内容を発表できるよう音声表出シール付き選択カードを用意しておく。	・集中して聞き取れるように,聞き取る項目を一つに決めておく。	・集中して聞き取れるように,聞き取る項目を一つに決めておく。

き取り，発表する。	・聞き取った内容を「思い出カード」を発表した友達が評価する場面を設定する。

6 評価

・経験したことについて，伝えたい内容に合った言葉を選んで，思い出カードを書くことができたか。
・話し方に気を付けたり，補助的手段を使ったりして，相手に伝えることができたか。
・仲間とやりとりしながら，言葉分けゲームや自分の役割をやり遂げることができたか。

7 授業の様子

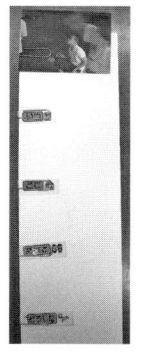

写真1　言葉カードの分類　　写真2　カード選択の台紙　　写真3　「思い出カード」

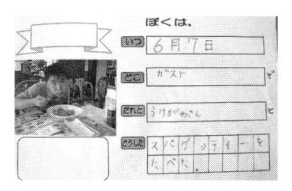

〈山内　雅子〉

自分の経験したことや気持ちを伝えよう

特別支援学校・高等部

スピーチをしよう
～話し言葉による自己表現力及び聞き取り，共感する力を育てる～

1 ねらい

○自分の言いたいことをまとめ，適切な資料を提示しながらわかりやすく話すことができる。
○メモを取りながら話の要点を聞き取り，質問に答え，スピーチを評価することができる。

2 学習活動

(1) 発表者としての学習活動

○スピーチ原稿の作成をする。
　・スピーチ担当日（通年，輪番制）を決定し，テーマを決める。
　・以下の①～④の条件を満たすスピーチ原稿を作成する。
　　①3～10分程度の長さであること。
　　②スピーチの資料として提示する具体物（本・音楽・映像・自分の作品等）を用意し，事前に撮影して大型テレビに映し出せるようにしておくこと。
　　③板書を取り入れた説明を行う場面を入れること。
　　④スピーチ内容に関する質問を1問設け，聞き手に問う場面があること（聞き手はスピーチメモ問1の解答欄に記入）。

○評価の観点に注意しながら，発表練習をする。
　・【姿勢】　原稿を読むのではなく，聞き手の顔を見て話す。
　・【声】　教室の後ろまで届く声量で，ゆっくり，はっきり話す。
　・【提示物】　大型テレビに映し出された資料を適切なタイミングで指し示し説明する。板書による説明も併用する。

<生徒のスピーチ発表例>

テーマ	提示資料	内容
「親からの初めてのプレゼント」	自分が主人公の絵本	ストーリーから親の思いを推察する。
「修学旅行の思い出」	写真や旅行のしおり	中学時代の友達や行程を振り返り、思い出を語る。
「クッキング」	クッキングブック	パティシエへの夢とお菓子の作り方を語る。
「1リットルの涙」	本と写真	「クラスに難病生徒が転校してきたら?」をテーマに意見交換。
「宝塚」	DVD CD	歌劇の仕組みや役者の特徴を分析して説明。
「現場実習」	写真	現場実習の作業内容と学んだことの報告。
「宮沢賢治」	自作新聞	調べ学習の結果を新聞にして発表。

(2) 聞き手としての学習活動

○ スピーチを聞きながら、所定用紙のメモ欄に要点を書き、発表者からの質問(問1)・教師からの質問(問2)の答えを解答欄に書く。

○ スピーチを聞いて共感した部分や、感想・アドバイスを書き、用紙の「姿勢」「声」「提示物」の観点から評価する。

(3) 発表者・聞き手のそれぞれの立場での学習活動

○ 質問の答え合わせやスピーチの感想・評価の交流会を行う。

・スピーチメモプリントを提出し、教師の読み上げる感想や評価を聞き、口頭で補足したり、次回の参考にしたりする。

スピーチをしよう

| 提示物 ◎ ○ ○ △ | 声 ◎ ○ △ | 姿勢 ◎ ○ △ | 感想・アドバイスなど | 問い2 | 問い1 | メモらん | 年 組 氏名 | 今日のテーマ |

例　スピーチメモ用紙

③ 指導上の留意点

○発表担当者とは，題材や資料提示についての打ち合わせをし，提示のタイミングや質問内容をチェックし，必要な機器を整える。
○感想・評価会では，共感した点について，メモを見て口頭で補足説明する場を設け，話し言葉での意見交流ができるよう進行する。

④ 題材名「スピーチで伝えよう。聞き取り, 語り合おう」

● ねらい

・仲間に言いたいこと，聞いてほしいこと等を資料やクイズを交じえて楽しくスピーチすることができる。
・スピーチ内容の聞き取りメモを取り，共感したことや感動したことを述べたり，評価したりすることができる。

● 指導計画

1　自分の言いたいことをスピーチしよう（通年・輪番 1 /11）
・自分の言いたい題材を設定し，大型テレビに映した資料提示や，板書による説明を交じえながらスピーチ発表をする。

2 スピーチ発表を聞いてメモを取り, 感想を述べよう (通年)

・スピーチをメモを取りながら聞き取り, 質問に答える。
・スピーチ発表を評価し, 感想・意見を交換し合う。

5 個別の指導計画

●生徒の実態

	Aさん
聞 く 話 す	・集中して話の大筋を聞き取ることができる。興味のない話は部分的な聞き取りだけで自己流解釈をしてしまうことがあり, 補足説明を要する。 ・聞き手を意識し, 表現力豊かに話すことができる。
読 む 書 く	・内容に即した表現読みができる。 ・自分の思いを手紙に書くことを好み, スピーチ原稿も「多数に向けた手紙」というイメージで書き上げることができる。他者への感想も, 手紙風の語りかける文体が多い。
学習状況	・スピーチ発表者としては, 趣向を凝らした発表をしようと意欲的に準備し, 自分の思いを他者に伝えることに喜びを感じて取り組めている。聞き手の生徒から拍手や歓声が上がることもあり, 次の発表への意欲と自信につなげている。 ・教師の助言を素直に聞き, スピーチ発表に取り入れることができる。 ・提示資料も, 題材に応じて音楽, 手作り作品 (スクラップブック・自分新聞・絵本・手芸・美術作品), DVD, 写真等多彩なものを準備することができる。 ・聞き手としての感想は, テーマ内容に即してではなく, 発表者へのあいさつのような内容が多い。評価も友達の苦労をねぎらって何にでも「◎」にしてしまう傾向があるため, 客観性に欠けるときがある。

スピーチをしよう

●学習展開

1	「『手作り絵本』のスピーチをしよう」
ねらい	・スピーチ発表者として，宝物の「手作り絵本」について説明し，効果的な提示資料やBGMを利用しながら読み聞かせをする。 ・スピーチの聞き手として，聞き取りメモを充実させ，発表者に対する適切な評価や感想を述べる（今回，本生徒は発表者としての参加となり，評価される側に立つ）。

学習活動	個別の支援
1　教師による導入	・前時の授業の振り返り及び本時のスピーチ題材に沿うような内容準備を心がける。
2　生徒によるスピーチ発表 1　テーマ「手作り絵本」を提示し，絵本の概要とテーマに取り上げた理由を説明する。	・原稿段階で，この本が「いつ，どこで，作られたのか？」「なぜテーマとして取り上げたのか？」などを質問し，冒頭に説明するよう助言する。
2　板書しながら，聞き手へ導入のための問いかけをする。	・口頭による説明だけでなく，興味をもたせるようなクイズを板書を用いながら行い絵本を紹介するよう促す。
3　もとになった原作の絵本を紹介し，絵本を作る上で工夫した点，苦労した点などについて述べる。	・原作絵本は現物提示に留め，手作り絵本の細部にわたっての描写を効果的に伝えるように大型テレビに映す。
4　板書しながら，主人公の設定を紹介する。	・文字を書きながらの説明は難しいため，文字の大きさや体の向きのみ助言する。
5　BGMに合わせ，手作り絵本を読み聞かせする。	・BGM選定は，「歌詞が読み聞かせの邪魔にならないものを」と助言する。音量・タイミングは発表者と打ち合わせ

	て教師が適切に操作する。
3 スピーチ交流会	
6 聞き手にスピーチ内容に関する質問をする。[発表者から（問1），教師から（問2）] 7 スピーチメモ用紙に反省・感想を書き，提出する。 8 感想・評価交流会に担当者として参加する。	・本人が最も答えやすい「主人公ティモシーとサリーのモデルになった動物は？」を用意する。教師はさらに踏み込んだ質問「絵本制作で苦労した点は？」を提示。 ・全員の感想を披露し，評価へつながるコメントが書けた生徒に口頭で補足するよう促す。自分の発表が他者に与えた影響を実感できるようにする。
4 まとめと発展授業	
9 創作絵本について説明する。 10 効果的な読み聞かせの工夫について例示する。	

6 評価

・スピーチを通して自分の思いを他者に伝える喜びを感じ，人前で発表することへの自信につなげることができたか。
・様々な工夫を凝らしたスピーチ発表ができるようになったか。
・他者の話をしっかり聞いてメモを取ることができるようになり，言葉で感動や共感を表現し，心の交流ができるようになったか。

〈井上　知子〉

特別支援学校・高等部

「伝える力」を高めよう
～伝えたいことを整理して，話す～

1 ねらい

○相手や目的，場面に応じて適切な話し方，声の大きさで話すことができる。
○伝えたいことを整理し，考えたことや自分の意図がわかるように話すことができる。

2 学習活動

(1) **自己紹介をする**
  ・声の大きさ，姿勢など集団の前に立って話をするときの基本的な態度について学ぶ。
  ・氏名，出身校，好きな食べ物などの質問項目に沿って話す活動を通して，自己紹介の目的や手順を学ぶ。

(2) **感想を発表する**
  ・自分が経験したことについて1分程度で発表する。
  ・学校行事を振り返り，「どのようなことをしたのか」などの事実と，「どのように感じたのか」という感想の両方を織り交ぜて話をする。

(3) **会話を続ける**
  ・上手なあいづちの打ち方や，質問の仕方などを学ぶ。
  ・敬語を使うなど，相手や場面を想定して話す。

(4) **自分の考えを伝える**
  ・これまでの経験を思い返し，質問内容や設定をもとに，自分で出した答えを発表する。

- 原稿を書いて，内容を整理してから話す。
- 声の大きさや強さなど，効果的な話し方について考える。

③ 指導上の留意点

○ 小さい声，大きな声，高い声，低い声などで発表の練習を行うとともに，姿勢や表情，視線の位置など話すときの注意点を確認してから発表させる。

○ 相手の立場や相手までの距離など，だれに対して，どのような場面で話すのかを確認し，相手や場面に応じた話し方を学ぶことができるように配慮する。

○ 友達の話を聞く際には，まずは静かに話を聞くというルールを事前に確認しておく。

○ 発表する順番を先に知らせておくことで，自分が何番目に発表するのかがわかるようにして，気持ちの準備ができるように配慮する。

○ 題材は，生徒が興味をもちやすいものを設定するなど「話したい」「伝えたい」気持ちをもちやすくするように配慮する。

○ 様々な題材を取り上げることで，培った力を日常生活や他教科の学習場面でも発揮できるようにする。

○ 生徒が発表を終えたあとは，教師が発表内容を大まかにまとめて整理し，生徒が伝えたかった内容が発表できたことを確認できるようにすることで，伝わる喜びや満足感を味わえるように配慮する。

④ 題材名「自分の考えを伝える」

●ねらい
- テーマを意識して，自分が考えたことを落とさずに伝えることができる。

・自分が伝えたいことを強調して発表することができる。

●指導計画（全5時間）

1　ショートスピーチ
・テーマに沿って，決められた時間（30秒，1分など）話をする。 ・イラストや漢字などを見て，言葉で説明して伝える。
2　これまでのことを思い出して話す
・「あなたの一番好きな匂いは？」「今まで食べた物の中で，一番おいしかった物は？」などの質問に答える。 ・そのときのことを思い出し，場面や状況を言葉で説明する。 ・友達の説明を聞いて，内容に関する質問をする。
3　場面設定に応じて，想像して答える
・「もし1億円当たったら，どのように使うか」「無人島に持って行く三つの品物を選ぶ」など，場面設定を聞いてイメージをふくらませて答えを考える。 ・自分の答えを発表するときには，他の人と違う部分を強調して話す。
4　夢について考える
・小説「夢をかなえるゾウ」のあらすじを知り，かなえたい夢とそれをかなえるための方法を考えて，文章にまとめる。 ・原稿を書きながら，自分が伝えたい内容を整理する。
5　発表の仕方を工夫する
・発表するときに，自分が一番強調したいところを決め，それが伝わるように話し方を工夫して発表する。 ・原稿を覚えるのではなく，前時にまとめた要点を意識して発表する。

❺ 個別の指導計画

●生徒の実態

	Aさん	Bさん
聞　く 話　す	・簡単な説明を聞いて内容を理解することができる。 ・イントネーションが平坦になりやすい。	・短い話を聞いて，内容を理解することができる。 ・声が大きく，場面に応じて調整することは難しい。
読　む 書　く	・文字を読むことに集中しすぎてしまうため，文の内容を読み取ることが難しい。 ・自分の思ったことを文章に書き表すことができる。	・文の細部まで意識せずに読んでしまうため，読み間違いが多い。 ・知っている熟語などをできるだけ使って文章を書こうとするが，意味を正しく理解せずに使うことがある。
社会性	・初対面の相手との会話や自分に注目が集まっている場面では緊張しやすい。	・だれに対しても積極的に話しかけ，会話を楽しむことができる。
学習状況	・授業には真面目に参加しているが，課題に取り組み始めるのに時間がかかることがある。	・学習にはとても意欲的だが，授業内容とは関係のないことを言ってしまうことがある。

●学習展開（第3時）

3	場面設定に応じて，想像して答える	
ねらい	Aさん	声の大きさに注意して，自分の意見を発表することができる。
	Bさん	話す内容を整理して，要点を落とさずに発表することができる。

「伝える力」を高めよう

学習活動	個別の支援	
	Aさん	Bさん
1　本時の学習内容を知る。	・発表活動があることを授業の最初に予告する。	・テーマに沿って意見を発表することを予告する。
2　一つ目のテーマに沿って考えを整理する。 「1億円あったらどのように使うか」	・まずは金額を気にせず，どんな物がほしいのかを考えさせ，積極的に意見を出せるようにする。	・「考える時間」を設定することで，思いついたことをすぐに口にするのではなく，整理することができるようにする。
3　自分の意見を発表する。	・文のパターンを示し，「まず」「さらに」の接続詞を使用して発表する。	・声の大きさや話す速度を意識しながら発表するように言葉かけをする。
4　二つ目のテーマに沿って自分の意見をまとめて，発表する。 「無人島に三つの品物を持って行くとしたら何を選ぶか」	・意見が出にくいときには，教師の意見を例として聞くようにする。 ・順番を事前に知らせ，落ち着いて発表できるようにする。	・まず品物を決め，それを選んだ理由や利点を文章にまとめる。 ・文章にアンダーラインを入れて，要点を整理してから発表する。
5　話し合って意見をまとめる。	・みんなの意見を聞いて，どんな意見が多かったのかを思い出す。	・「快適」「便利」などのキーワードを提示して，出された意見を分類する。

6 評価

・自分の考えたことを，整理して伝えることができたか。
・適切な声の大きさや言葉遣いで発表することができたか。

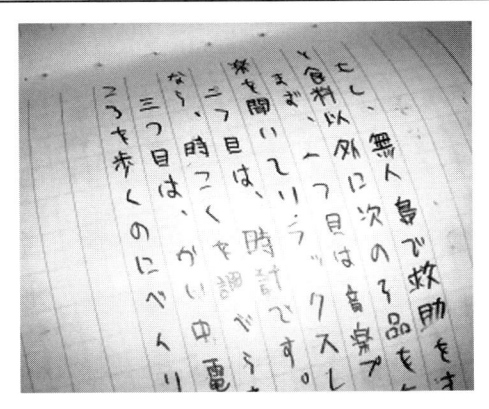

7 授業の様子

〈岩橋　亜矢〉

特別支援学級・小学校

みんなにわかるように話そう
～朝の会を進行しよう～

1 ねらい

○「あいさつの言葉を言うこと」や「みんなで音読すること」を通して，一つ一つの言葉をはっきり発声する力を養う。
○「その日の日付」や「楽しみなこと」を発表することを通して，自分で考える力を養う。
○一人一人に応じた担任からの質問に答えることを通して，コミュニケーションの基礎を培う。

2 学習活動

(1) **はじまりと終わりのあいさつ，今月の歌・今月の音読の号令をかける**

・はじめに，「起立　これから朝の会を始めます　礼　(みんなで) おはようございます」「今月の歌を歌います」を言い，おわりに「今月の音読です　起立　○月　(みんなでその月の音読を行う)」「これで，朝の会を終わります。礼　着席」を言う。
・児童の実態に応じて，進行表を読ませたり，進行の言葉の1音目を担任が言ってあげたりして進める。

(2) **日付・曜日・天気を当番以外の子に問いかけながら，黒板に記入する**

・「何月ですか」等，一つずつ当番が他の子たちに質問し，答えを聞いて，黒板の右側にチョークで記入する。記入し終わったら，「○月○日○曜日天気○○　でいいですか？」を言う。

「(みんなで)いいです」を言う。
  ・担任は,書くときに,その子の実態に応じて,ヒントを与えたり,視写させたりする。
(3) **友達と担任の名前を呼名して,健康観察を行う**
  ・学級で準備した健康観察簿のその日の日付の下に曜日を記入する。一人ずつ呼名する。呼名された子は「はい元気です」等答える。
  ・名前を読むことが難しい子には,その子の後ろに担任が立ち,「この子を呼んで」と言って支援する。
(4) **その日の日程についてよく聞く**
  ・黒板の左側に,その日の日程に沿って,担任の話を聞きながらカードを貼ったり,記入したりする。
  ・給食のメニューを一つずつ言い,あとについてみんなで言う。
  ・担任は,1項目ずつ一人ずつ指名しながら,一人一人が答えられる問いかけをしていく。
(5) **みんなに話したいことを発表する**
  ・「みんなに話したいことの発表です」「○○君 今日楽しみなことは何ですか(月曜日は:お休みは何をしましたか)」を言って,一人ずつ前に出て発表する。「当番の名前を呼んでください」と言い,みんなで「○○君 今日楽しみなことは何ですか」を言う。
  ・担任は,日程を話すときに,どの子も発表できるよう,楽しいことがあること,がんばっていることがあることを確認しておく。

3 指導上の留意点

○学期はじめには,担任が当番になり,範を示す。
○その日の日付をどの子も答えられるように,登校したときに自分の名前カード(裏面磁石)をホワイトボードに貼ってある大きな

カレンダーのその日のマスの中に貼る活動を毎日行う。
○今月の歌は，学校全体で取り組んでいる歌や季節に合った歌を，当番が黒板に貼る模造紙に書かれた歌詞を見ながら歌う。歌詞は，白抜きの文字を子どもたちがなぞって作成する。
○今月の音読は，言葉遊びの要素を含んだ詩を，みんなで読む。黒板に貼る詩は，今月の音読と同様に作成する。
○一人一人が集中できるように，個に応じた言葉かけを行う。

④ 題材名「朝の会」

●ねらい
・進行の言葉を正確にはっきり言うようにする。
・元気よく歌ったり音読したりする。
・その日の日程や給食のメニューを確認し，一日楽しく過ごせるように期待をもつ。
・担任との言葉のやりとりを行い，会話の基礎練習に取り組む。

●指導計画（全203時間）

1　朝の会の進行の仕方を覚えよう（1学期　74時間）
・朝の会で使用するカード（月・日付・時間割の数字，天気名，教科名，名前等）を児童全員で分担して書き，裏面にシート磁石を貼り付ける。 ・毎日一人ずつ順番に当番を行うことを認識する。 ・進行表を読みながら，朝の会の当番の仕方を覚える。

2　なるべく一人で朝の会を進行しよう（2学期　77時間）
・進行表を見ないで言える言葉を増やす。 ・呼名や問いかけの言葉を自分から言えるようにする。 ・黒板に貼る模造紙や健康観察簿を自分で準備する。

3　朝の会で学習したことを確認しよう（3学期　52時間）
・黒板左側の日程表に書けることを増やす。 ・給食を食べる前に配膳されたものを見てメニュー名を言う。

・下校前に,「今日　楽しかったこと」を発表する

5 個別の指導計画

●児童の実態

	Aさん	Bさん	Cさん
聞く話す	・日常生活上の簡単な指示を理解している。 ・学級の友達に話しかける。	・担任の問いかけをよく聞き,すぐに答えられる。 ・おしゃべりが好き。	・言葉かけを聞いて理解しているが,自分から話すことはとても少ない。
読む書く	・平仮名の読み書きができるようになった。片仮名の読み書きがいくつかできる。	・平仮名・片仮名・簡単な漢字の読み書きができる。 ・声を出して絵本を読める。	・文字の視写ができ,その意味を理解しているが,1文字ずつを読むことは難しい。
社会性	・放課後,姉や姉の友達と公園や児童館で遊べる。	・頑固なところがあるが,人懐こく自分からあいさつできる。	・特定の友達と下校する。一人でも下校できる。
学習状況	・個別指導で言葉・数を少しずつ理解できる。 ・曲に合わせた様々な体の動きに取り組める。	・時間がかかるが最後まで課題に取り組める。 ・歌詞をよく覚え,元気よく歌える。	・持久走,ボール運動,縄跳び等,交流学級の体育の授業に一人で参加できる。

●学習展開（2学期の例）

【当番のときのねらい】
・Aさん：進行表を見ながら,自信をもって声を出す。
・Bさん：進行表を見ないで,進行の言葉をはっきり言う。

みんなにわかるように話そう

・Cさん:はじめの1音を聞いて進行の言葉を言う。

学習活動	個別の支援
1 「起立」「これから朝の会を始めます」「礼」「(みんな)おはようございます」	・どの子も起立できるような言葉かけをする。
2 「今月の歌を歌います」	・歌唱を妨げないタイミングで褒める。
3 「今日の日付をやります」:月,日,曜日,天気を問いかけて記入する。	・当番の子の「書く」力の実態に応じて支援する。
4 「健康観察をします」「大きな声で返事をしましょう」:当番が一人一人呼名し,「はい元気です」等答える。	・当番の子が一人ずつ呼名し,名簿に記入できるように支援する。
5 「先生からの連絡です」:児童から向かって黒板の左側に,担任が児童と会話をしながら日程について確認する。給食のメニューをみんなで言う。	・一日の流れや給食の内容などを児童一人一人と会話しながら理解させ,見通しをもたせる。
6 「みんなに話したいことの発表です」:当番に名前を呼ばれた子が前に出て,「今日,楽しみなことは何ですか」について発表する。	・前に出て話せたことを称賛する。
7 「今月の音読です」「起立」:みんなで模造紙に書かれている詩を読む。	・「読む」力の実態を考慮し,どの子も読めるように促す。
8 「これで朝の会を終わります」「礼」「着席」	

6 評価

- 進行表を見ないでどれくらい進行の言葉を言うことができたか。
- 毎日の繰り返しで身に付けることを増やすことができたか。
- 担任による飽きさせないためのかかわり方の工夫によって，自分から話せることがどれくらい増えたか。

7 授業の様子

日付等をみんなに問いかけながら黒板に記入する

日程のカードを貼ったり，記入したりする

健康観察
友達や先生の名前を呼名する

「今日楽しみなこと」を発表する

〈秋山　郷思〉

特別支援学級・小学校

まとまった考えを伝えたり，考えたせりふを言ったりしよう
～劇活動により言葉で表現する力を育てる～

1 ねらい

○ せりふのやりとりを通して，コミュニケーションの基礎を培う。
○ 話の面白さを感じ取り，登場人物の気持ちを動作化または言葉で表現できる。
○ かかわり合いながら，自分の考えを言葉で表現し伝えようとする意欲や表現方法を日常生活の中で生かす。

2 学習活動

(1) **友達とのかかわり合いから言葉のやりとりを学ぶ**
 ・せりふのタイミングを図ることで，会話のタイミングを身に付ける。
 ・動作や仕草による会話の始まり・終わりを意識して劇をする。
(2) **相手の顔を見て，最後まで聞く**
 ・自分の順番を待つ間も，座って最後まで聞くことにより自発的に登場できることを知る。
 ・自分が話し始めるために，相手が話し終えたことがわかる。
(3) **相手を意識して，はっきりと話す**
 ・自分で考えたせりふを，最後まで聞こえるように話す。
 ・相手の顔を見て話すことにより，会話していることを実感する。
(4) **読み聞かせを聞き，あらすじや主人公の気持ちを言葉で表す**
 ・読み聞かせを聞いて登場人物を知ったり，面白い場面を見つけたりして，自分の言葉で表す。
 ・登場人物と楽器（絵カード，言葉カード）のマッチングをし

て，あらすじの理解をする。
(5) 自分の役や主人公の気持ちを言葉で書き表す
  ・自信をもってみんなの前で話すために，言葉で書き表す。
  ・音声を文字化することにより，視覚的に言葉を覚える。

3 指導上の留意点

　知的障害学級と自閉症・情緒障害学級ともに行う小集団学習であることから，個々の取組課題や異年齢による生活年齢差が生じてくる。そこで以下のことに留意した。
○あらすじをとらえにくい児童には，場面ごとの絵カードを使用し，お面を使って登場人物になりきれるようにする。
○集中の持続が困難な児童には，登場場面を多く設定することで長時間集中して取り組めるようにする。
○自分なりの言葉で言える児童には，登場人物のせりふを考える吹き出し型ワークシートを活用する。
○児童の実態に合わせて，2種類のワークシート（吹き出し型ワークシート，選択式ワークシート）を用意する。
○初めて見る楽器もあるため，絵カードを見せたり，音を聞かせたりすることであらすじの理解を助ける。
○字を見てせりふを言うことが難しい児童は，教師の言葉を反復するが，タイミングを自分でとるようにする。

4 題材名「ねずみくんとおんがくかい」

●ねらい
・友達のせりふを聞いてから自分の言葉でせりふを言う。
・友達の表現を最後まで興味をもって見たり聞いたりする。
・自分の役になりきって，自分で考えたせりふを言う。
・自分で考えた登場人物で同じ内容で劇ができる。

・山場の場面における主人公の気持ちを考えて書く。

●指導計画（全15時間）

1　絵本『ねずみくんとおんがくかい』を見たり聞いたりする（3時間）
・読み聞かせを聞いて登場人物を知ったり，面白い場面を見つけたりして，言葉で表す。 ・登場人物と楽器（絵カード，言葉カード）のマッチングをして，あらすじの理解をする。 ・わからない言葉の意味を知る。
2　場面の絵を見ながら，話し合いをしてせりふを組み合わせる（3時間）
・黒板に物語の順番に場面（絵カード）を並べる。 ・登場人物のせりふを考えて，吹き出しシートに書く。 ・それぞれの場面に吹き出しシート（せりふ）を合わせる。
3　かかわり合いを意識して登場人物の気持ちを動作や言葉で表す（5時間）
・自分たちで考えたせりふに合わせて動作化し，劇を楽しむ。 ・相手の顔を見て話す・聞くことにより会話をしていること，動作や仕草による会話の始まり・終わりを意識して劇をする。 ・山場の場面における主人公の気持ちをワークシートに書く。 ・自分で書いたことをみんなの前で発表する。
4　自分なりの登場人物と楽器を考えて，劇をする（4時間）
・主人公のせりふや話の流れの大筋は変わらないという説明を聞く。 ・考えた動物に合う楽器を考え，ワークシートに絵や言葉で表す。 ・せりふを考え，吹き出しシートに書く。

5 個別の指導計画

●児童の実態（3人／11人）

	Aさん	Bさん	Cさん
	・話し手の意図を理	・聞いている途中で	・相手を見て聞くこ

聞く話す	解できる。 ・自分の思いを一方的に話し続けてしまう。	話しはじめてしまう。 ・順序立てて話すことが難しい。	とができる。 ・はっきりと話すことが難しい。
社会性	・友達の行動に関心がある。 ・一人虫遊びが中心である。 ・受け答えができる。	・友達に積極的にかかわろうとする。約束したことを忘れ、トラブルになることが多い。	・友達に積極的にかかわろうとする。知っている言葉で誘える。
学習状況	・決められた学習課題に集中して取り組むことができるが、終えるまでに時間がかかる。	・集中時間が短い。知識理解までに毎回手がかりとなるヒントを必要とする。	・集中して学習できるが、知識理解までに相当量の反復を要する。

●学習展開（第11時）

3　かかわり合いを意識して登場人物の気持ちを動作や言葉で表す	
ね ら い	Aさん	限られた時間の中で主人公の気持ちを考えて簡単な文章で表す。
	Bさん	相手のせりふに合わせてタイミングよく自分のせりふを言うことができる。
	Cさん	役になりきって、自分のせりふをはっきりと言うことができる。

学習活動	個別の支援		
	Aさん（高学年）	Bさん（高学年）	Cさん（低学年）
1　話の流れを確かめる。画面と吹き出しカードを合わせる。	・絵カードからヒントを見つけ、自分で合わせる。	・絵カードからヒントを見つけ、自分で合わせる。	・自分の役（主人公）の吹き出しを貼る。

まとまった考えを伝えたり、考えたせりふを言ったりしよう

2 登場人物になりきって楽しみながら劇をする。	・相手の顔を見る,タイミングを合わせる約束を守って会話できるよう声かけをする。 ・決められたせりふをはっきり伝えられたときに褒めて意識するようにする。	・相手の顔を見る,タイミングを合わせる約束を守って会話できるよう声かけをする。 ・動作化のとき,自発的に付け足しの言葉を用いてもよいことを伝える。	・お面や小道具を活用し,動作化しやすいようにする。 ・主人公のせりふを一定にし,覚えられやすいようにする。 ・お面を見て登場する動物の名前を言えるようにする。
3 「だめ」と言われた主人公が「いいよ」と言われた気持ちをワークシートに書く。	・自分の役では「だめ」と言った相手役の気持ちを想起させる。その反対となる「いいよ」と言われた気持ちを考えさせる。前もって書く時間を伝える。	・自分が「いいよ」と言った役であることから,相手役の喜びの動作やせりふを想起する。	・先生に話したり,絵カードから選んだりする。 ・気持ちを表す当てはまる言葉を選び,それを見て書けるようにする。
4 書いたことを発表する。	・全員に聞こえる声の大きさを意識する。	・小さめの声で聞こえることを意識する。	・1文字ずつはっきり発音できたときに褒める。

6 評価

・友達のせりふを聞いてから自分の言葉でせりふを言えたか。
・友達の表現を最後まで興味をもって見たり聞いたりできたか。
・役になりきって,自分で考えたせりふを言えたか。

⑦ 授業の様子

[1] 読み聞かせ ・物語を見たり聞いたりする 	[2] 話の順番に各場面の絵を並べる  	[3] 絵に合わせて吹き出しカードを書く 
[4] 絵と吹き出しカードをマッチングする 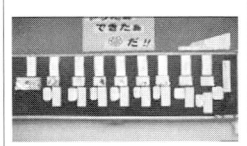	[5] 覚えた吹き出しカードをはずす 	[6] 絵と音楽（効果音）で劇をする 
[7] 山場（場面）の主人公の気持ちを考えて，ワークシートに書く 	[8] 自分の考えを発表する。自分と相手の考えを共有化する 	[9] 自分で考えた動物を登場させ，同じ内容で発展劇を行う 

〈授業研究者：尾﨑ゆみ子，共同研究者：石田内子，金子しのぶ〉

[参考文献]

なかえよしを『ねずみくんとおんがくかい』ポプラ社，1987年

相模原市特別支援研究会平成22年度研究発表大会発表原稿より（発表者：遠藤紀子氏）

特別支援学級・中学校

将来の夢
～自分の考えをまとめて，相手にわかりやすく伝える～

1 ねらい

○自分の進路を考える。
○自分の考えをまとめて文章に書くことができる。
○相手にわかりやすく伝えることができる。

2 学習活動

(1) **中学校卒業後の進路を考える機会とする**
　・職業・家庭科や作業学習等の学習と関連させ自分の進路について考えさせ，将来の職業生活等社会参加をどのようにしていくか自分の考えをまとめる。
　・キャリア教育と関連させ，仕事について学校図書館調べ学習をしたり，知的障害者の就労DVDを見たりする。

(2) **考えたことや思っていることを文章で表す**
　・中学生として，実際の生活に密着した現実的なことについて文章で書かせる。

(3) **伝えたい相手に，内容をわかりやすく話して伝える**
　・自分の考えた思いなどの要点をはっきり話す。
　・適切な声の大きさ，リズム，間のとり方などを注意して話す。

3 指導上の留意点

○障害の状況にかかわらず，どの生徒にも，職業・家庭科，作業学習などと関連させ自分が将来どのように社会に参加していくか，

また，社会生活を送るうえで必要なことは何かを考えることが必要である。
○障害のある生徒にとって，将来の社会参加は，たいへん重要な課題である。この題材の取組と関連させ，対人関係やコミュニケーション能力，自己表現などの学習基盤が必要である。
○わかりやすく伝えるために必要な適切な言葉遣いや話し方をしっかり身に付ける。
○「将来の夢」について作文を書き発表することで，自分の考えを相手にわかりやすく伝えるとともに，第3学年では，面接をすることで，より具体的な場面での「伝える」技術を指導する。

❹ 題材名「将来の夢〜自分の進路について〜」

●ねらい
・自分の「将来の夢」について考えていることを作文に書く。
・作文に書いたことをみんなにわかりやすく発表する。
・第3学年生徒は，面接学習をすることで，場面や状況に応じた適切な言葉遣いや話し方の学習をする。

●指導計画

1　「職業調べ」をしよう（職業科，総合的な学習の時間等）（4時間）
・学校図書館で職業に関することについて調べる。 ・就労に関するDVDを見る。 ・将来，自分がやってみたい仕事について考える。

2　「将来の夢」について作文を書こう（3時間）
・自分の考えや思いを整理して作文に書く。 ・「やりたいこと」だけでなく「どうして」なのか，自分の考えや理由を整理して書く。 ・生徒の能力に応じて漢字を使って書くようにする。 ・発表を意識した文章となるようにする。

3	「将来の夢」について発表しよう（3時間）

・話し方のリズムや声の大きさなどを注意して発表できるように練習をする。
・学級の友達の前で発表する。
・姿勢や目線，声の大きさなどに気を付けて発表する。
・友達の発表をしっかり聞く。

4	「面接」をしよう（第3学年生徒が対象）

・上級学校への進学や将来の就労に向けて面接練習をする。
・姿勢や話すリズムや声の大きさなどに気を付けて話す練習をする。
・実際に「面接」を学級担任，学校長，企業の担当者等と行う。
・高等部進学の実際の面接に生かせるよう，課題に応じた指導を行う。

5 個別の指導計画

●生徒の実態

	Aさん	Bさん
聞　く 話　す	・日常一般的な会話を理解する力は高い。自分に興味があることはよく聞く。 ・対人関係が苦手で知らない人とは話したがらないが，学級担任や学級の友達とは話す。	・日常一般的な会話を理解する力は多少難しいところがある。しかし，わからないことを聞こうとする。 ・話をすることが好きでいろいろな人に話しかける。
読　む 書　く	・小学校4，5年生の漢字を概ね読むことができる。 ・書くことは小学校3年生程度の漢字が書けるが，「薔薇」などあまり日常で使わない漢字を使いたがる。	・小学校3年生の漢字を概ね読むことができる。 ・漢字を書くことは少なく，平仮名書きをしている。日常生活文は書ける。
社会性	・対人関係やコミュニケーションがうまくとれず，知らない人とのかかわりを避け	・明るく人なつこい。だれにでも話しかけ会話をすることを好む。

	ることが多い。 ・休日は，家庭で一人でゲームなどをしている。	・理解力や語彙が少ないため会話が成り立たないこともある。
学習状況	・小学校通常の学級を卒業し中学校から特別支援学級に入級してきた。 ・学習に対する興味・関心が低く，学習意欲が乏しい。	・学習意欲があり，積極的に学習参加している。 ・何にでも興味を示し，意欲的に取り組むことが多い。

●学習展開

3 「将来の夢」について発表しよう		
ねらい	Aさん	・発表する態度や姿勢，声の大きさや話すリズムなど自分の課題について気づき発表するができる。 ・自分の考えや気持ちを整理し面接ができる。
	Bさん	・発表するときの声の大きさや話すリズムに気を付けて発表することができる。 ・自分の考えや気持ちを整理し面接ができる。

学習活動	個別の支援	
	Aさん	Bさん
「将来の夢」について作文を書く。	・学校図書館やDVDを見て，将来に対しての自分の考えや思いを意識する。 ・考えたことを短い文で箇条書きにする。 ・箇条書きの文章をなるべく漢字を使いながら整理して作文する。	・自分がやりたいことを具体的に考えさせる。そのためにはどうすればいいか，何が必要か考える。 ・「何になりたいか」を書く。 ・そのためには，どのようなことが必要なのか考えたことを箇条書きにする。 ・知っている漢字を使っ

		て作文する。
みんなの前で発表する	・発表するときの姿勢，目線，声の大きさやリズム等に気を付けて発表する。 ・自分で書いた作文を見ないで発表できるように練習する。 ・学級のみんなの前で原稿を見ないで姿勢等に気を付けながら発表する。	・人前で声が大きくなるため，声の大きさに気を付ける。 ・自分で書いた作文をしっかり読みながら，話すリズムに気を付けて発表できるようにする。 ・学級のみんなの前で，原稿を見ながら声の大きさやリズムに気を付けて発表する。
面接練習	・進学先（私立定時制高校）を意識した面接練習をする。 ・企業担当者を招いての接客学習や面接練習をすることで，体験を通した学習をする。	・特別支援学校高等部の入学相談時の面接を意識した面接練習をする。 ・企業担当者を招いての接客学習や面接練習をすることで，体験を通した学習をする。

企業担当者との面接練習の様子　　企業担当者を招いての接客学習

6 評価

・進路について，自分なりの目標意識をもつことができたか。
・目標を達成するために必要なことは何かを具体的に考えることができたか。
・知っている漢字を正しく使って，自分の考えをまとめた文章を書けたか。
・発表や面接を通して，その場に応じた話し方が適切にできたか。

〈山田　貴之〉

特別支援学級・小学校

名たんていになろう
~相手意識をもって話すこと，聞くこと~

1 ねらい

○声の大きさや速さを意識しながら，わかりやすく話す。
○大事なことを落とさずに最後まで聞く。
○相手意識をもって意欲的に話したり，聞いたりする。

2 学習活動

(1) 「名たんてい」を目指して，依頼人の相談を解決することを知る
　・よい話し方・聞き方を身に付けると「名たんてい」になれることを伝え，興味・関心を高める（資料1）。
　・相手意識をもち，学習意欲を高める。
(2) **名たんていクイズに挑戦する**
　・身近な事柄についての質問や写真カードを見て，積極的に発表する。
　・よい話し方・聞き方について例示し，確認する。
　・相手にわかりやすく話すための話型（「私は～だと思います。理由は～だからです」）を理解し活用する。
(3) **依頼人の相談を聞き，自分なりの意見をもつ**
　・自分の意見やその理由を考えて，ワークシートに書く。
(4) **自分の意見を話したり，友達の発表を聞いたりする**
　・ワークシートをもとに，自分の意見を発表する。また，友達のよさ（声の大きさや速さ）や発表の大事なことを落とさずに聞き，ワークシートに書く。

③ 指導上の留意点

○児童が「名たんてい」に扮し依頼人の相談を解決するという設定にし,その世界観に浸ることができるようにする(資料1)。
○依頼人は児童の生活経験に近い人物の中から,依頼内容は児童の生活課題に近いものの中から選び設定する(指導計画参照)。
○学習活動を大きく二つ(①名たんていクイズ,②依頼人からの相談)に分け,①で学習した内容が,②で生かされるような構成にする。
○学習活動は,単元を通し同じパターンで実施し,見通しと自信がもてるようにする。課題提示の際は写真やVTRを活用し,興味・関心を引き出すようにする。
○発表にふさわしい声の大きさや速さや話し方,聞く姿勢について具体的に提示し,単元を通して意識できるようにする(資料2)。
○活動のヒントとなるようなワークシートを児童の実態に応じて活用し,自信をもって取り組めるようにする(資料3)。

④ 題材名「〇〇学級の紹介について話し合おう」

●ねらい
・声の大きさや速さ,話し方を意識しながら自分の意見や感想を発表する。
・友達の発表をしっかり聞き,自分なりの感想をもつ。

●指導計画(全7時間)　　　　　　　　　　＊( )内は依頼人

1　畑に植える野菜について話し合おう(〇〇学級担任)
・「名たんてい」を目指すことを知る。 ・話し方を意識して,発表し合う。

名たんていになろう　143

2 調理で作るデザートについて話し合おう（同校特別支援学級の友達）
3 やりたいレクについて話し合おう（本校児童の保護者）
・話し方や声の大きさを意識して，発表し合う。 ・友達の発表をメモする。
4 夢の〇〇について話し合おう（本校の校長）
5 〇〇学級の紹介について話し合おう（交流校△△小 6 年生）
・話し方や声の大きさ，速さを意識して発表し合う。 ・質問や感想を発表する。
6 クリスマス会の歌について話し合おう（一緒にクリスマス会をする 1 年生担任と児童）
7 好きなレクについて話し合おう（交流校△△小の特別支援学級担任と児童）
・意見を出し合い，話し合って考えをまとめる。

＊△△小は，本校の近隣にあり，6 年生とは年 2 回，特別支援学級とは年 1 回交流をもっている。指導計画 5 時間目の「〇〇学級の紹介について話し合おう」は，△△小 6 年生が本校に交流に来ることになり実施した学習である。

5 個別の指導計画

●児童の実態（9 名中 2 名について示す）

	Aさん	Bさん
話す 聞く	・自信がもてないと声が小さくなりやすい。 ・興味・関心がもてないと，話を最後まで集中して聞くことが難しい。	・人前での発表に苦手意識が高く，教師の支援を必要とする。 ・大事なことを聞き落とすことが多い。
学習状況	・興味・関心，自信がもてる活動は意欲的に参加する。	・見通しや自信がもてる活動には進んで取り組める。

●学習展開（第5時）

5 ○○学級の紹介について話し合おう		
ねらい	Aさん	・声の大きさや話し方を意識しながら自分の意見を発表している。 ・友達の発表を聞き，よさを見つけている。
	Bさん	・自分の伝えたいことを，大きな声で発表している。 ・友達の発表をよく聞き，要点をワークシートにメモしている。

学習活動	個別の支援	
	Aさん	Bさん
1 名たんていクイズ（いろいろな学習場面の写真を見て，何をしているところか当てる）に取り組む。	・写真カードを見て自分から挙手し，積極的に発表しようとする。	・本児の得意な学習場面の写真を提示して挙手を促したり，答えやすい質問を投げかけたりする。
2 本日の依頼内容（交流学校△△小6年生からのVTR）を見る。	・依頼VTRに注目するよう促す。	・依頼VTRに注目するよう促す。
3 自分の意見をワークシートに書く（いろいろな学習場面の写真をヒントに紹介したい内容を考える）。	・ワークシートをもとに自分の意見や理由を書くことができるよう支援する。	・ワークシートをもとに自分の意見を書き，自分なりの理由を考えられるよう支援する。
4 自分の意見を発表し，友達の発表を聞き取りワークシートに書く（資料3）。	・声の大きさを意識できるよう声のものさしカードで評価する。 ・聞き取り用のワークシート（低学年用）を活	・自信がもてるよう，ワークシートを見ながら発表するよう促す。 ・聞き取り用のワークシート（中学年用）を活

名たんていになろう 145

	用する。	用する。
5　友達のよさに気が付き，感想を発表する。	・友達のよさ（声の大きさ，速さ）に注目するよう言葉かけし，発表するよう促す。	・友達のよさ（声の大きさ，速さ）をワークシートに書くことができれば評価し褒め，自信をもてるようにする。
6　みんなの意見を黒板にまとめ，依頼解決のご褒美（資料1）をもらう。	・自分の意見や友達のよさを発表できたことを褒め，探偵グッズを渡し，次時の意欲へつなげる。	・自分の意見を発表できたこと，友達の意見を聞き取ることができたことを褒め，探偵グッズを渡し，次時の意欲へつなげる。

6 評価

・声の大きさや速さ，話し方を意識して話すことができたか。
・友達の発表のよさや大事なことを落とさずに聞くことができたか。

7 使用教材

●資料1　名たんていグッズ

依頼を解決するたびに一つずつ探偵グッズをもらえ，探偵らしくなっていく。

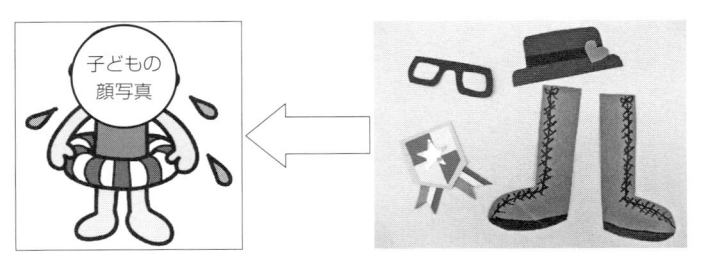

●資料2　声のものさしカード

裏面には数字を書き，表情と数字の5段階で声の大きさを評価。

●資料3　ワークシート
〈発表用〉

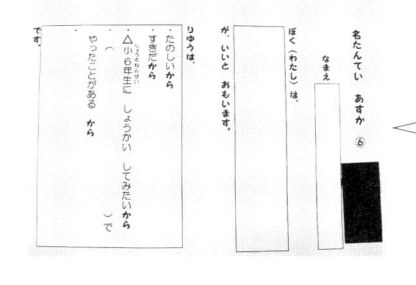

自分の意見を整理するとともに，発表のときには，わかりやすく話すための手がかりとなる。

〈聞き取り用〉

1～3年生用　　　　4～6年生用

友達の発表内容や声の大きさなどに注目して聞き取れるように工夫。実態に応じて○印を付けるのみでOKにする。

〈阿部　康子〉

特別支援学級・中学校

内容をまとめて話をしよう
～わかりやすく相手に伝える～

1 ねらい

○自分の話したい内容を考えて，クラスの仲間の前で発表する意欲をもつ。
○相手に話の内容を理解してもらうために，キーワードを使って内容を整理する。
○聞き手は，話の内容を理解するために，しっかり聞いて，わからないことは質問する。
○説明文等の文章からキーワードを見つけ出し，その内容をわかりやすく相手に伝える。

2 学習活動

(1) **自分の好きなテーマでスピーチを行う**
　・話し手の生徒がリラックスして話せるように，テーマは自由にして話す内容を考える。
　・テーマを選べない生徒に対しては，本人が話しやすそうなテーマを教師が例示して生徒が選ぶようにする。
　・時間制限は設けず，生徒は好きなだけ話をする。その間，聞き手は話し手が話しやすいように楽しんでいる態度で聞く。

(2) **聞き手が話の内容をどの程度理解しているのかを確認する**
　・聞き手は，話し手に対し，質問や感想を発表する。
　・教師は聞き手の生徒にスピーチの内容について質問して，どの程度理解できているのかを確認する。

(3) 話し手のスピーチの中からキーワードを見つけ出す
  ・聞き手の印象に残った内容や話し手が一番伝えたかった内容を考えながら，生徒全員でいくつかのキーワードを見つけ出す。
  ・最後に話し手が，キーワードを三つ程度に絞る。
(4) **キーワードを意識して，短いスピーチを行う**
  ・話し手が選んだキーワードを必ず使用して，1分程度でスピーチを行う。
  ・聞き手は感想や質問を発表する。
(5) **説明文等を読んで，キーワードを見つけ出す**
  ・これまでのスピーチの学習の応用として，教師が提示した説明文等から，生徒全員でいくつかのキーワードを見つけ出す。
  ・最後に生徒各人がよいと思ったキーワードを三つ程度に絞る。
(6) **キーワードを意識して，文章の内容を伝える**
  ・自分で選んだキーワードを必ず使用して，文章の内容を1分程度で発表する。
  ・聞き手は感想や質問を発表する。

3 指導上の留意点

○授業の最初の段階では，まずクラスの前でスピーチすることの苦手感をなくすことを目標とする。話が続かない生徒に対しては，教師が質問を挟みながら，話が広がるように支援する。
○聞くことが苦手で，感想や質問が発表できない生徒に対しても，同様に教師が支援する。また，他の生徒の感想を引用するなどの方法も教えていく。
○キーワードを見つけ出す際は，参加者全員で意見を出し合うようにして，複数の候補が挙がりやすくする。ただし，キーワードの候補の中から決定する権限は話し手に与えて，主体性と責任を確保する。

○ キーワードを使用してスピーチをすると，わかりやすく，聞き手の印象にも残りやすいことを体験させるために，その前段の苦労をしっかりと実感させる。
○ キーワードの抽出に十分に慣れさせたうえで，説明文等を読ませ，そこからキーワードを見つけ出す体験を積ませる。

4 題材名「相手にわかりやすく伝えよう」

●ねらい
・自分の好きなテーマについて仲間の前で発表することができる。
・話し手の発表を受けて，聞き手が質問や感想を発表できる。
・自分の話の中心となるキーワードを見つけ出すことができる。
・キーワードを使用して短くまとめたスピーチができる。
・説明文等からキーワードを抜き出し，内容をまとめて発表することができる。

●指導計画 (全10時間)

1　自分の好きなテーマでスピーチしよう（2時間）
・自分の好きなテーマについて時間無制限でスピーチする。 　テーマの例：ゲーム，食べ物，家族，親友，好きな先生など ・スピーチを聞いて，感想や質問を発表する。

2　伝えたい内容を整理しよう（2時間）
・一人一人のスピーチの内容を振り返り，特に重要だと思われる事柄（キーワード）をクラス全員でリストアップする。 ・話し手がスピーチのキーワードをリストの中から三つ程度選ぶ。

3　キーワードを使ってスピーチしよう（2時間）
・前回と同じテーマで，今回はキーワードをすべて使って，1分以内でスピーチする。 ・スピーチを聞いて，感想や質問を発表する。前回のスピーチとのわかりやすさの違いを考える。

4 説明文を読んで，キーワードを見つけよう（2時間）
・簡単な説明文を読ませ，その文中で特に重要だと思われる事柄（キーワード）をクラス全員でリストアップする。 ・生徒各人が，説明文のキーワードをリストの中から三つ程度選ぶ。
5 キーワードを使って文章の内容をまとめよう（2時間）
・自分の選んだキーワードをすべて使って，説明文の内容をまとめて発表する。 ・それぞれの発表を聞いて，感想や質問を出し合う。

5 個別の指導計画

●生徒の実態

	Aさん（中学2年男子）	Bさん（中学2年女子）
聞く 話す	・集中が切れなければ，クラス全体に語った内容を聞き取り，理解することができる。 ・相手の状況を考えずに自分の話したい内容を一方的に話すことがある。	・ぼーっとしていることが多く，一対一で話しかけないと聞き取れていないことがある。 ・語彙が少なく，発言は一語文が多い。
読む 書く	・取り掛かりに時間がかかるが，長い文章も読むことができる。 ・文字はきれいで漢字も使った文章が書ける。	・ゆっくりと音読できる。読めない漢字は多い。 ・誤字は多いが，自分の好きな内容なら長い作文も書くことができる。
社会性	・だれとでも仲良くつきあえる。 ・優しいので，からかわれやすい性格。	・休み時間は女子同士で集まって過ごしている。 ・苦手意識があり，口数は少ない。
学習状況	・理数科目が好きで，実験や計算には積極的に取り組む。	・学習は全般的に苦手で，自分から進んで勉強する態度

	・家庭学習が定着せず，宿題忘れが多い。	に乏しい。 ・真面目な性格なので，宿題を忘れることはない。

●学習展開（第4時）

2 相手にわかりやすく伝えよう－伝えたい内容を整理しよう－		
ねらい	Aさん	自分のスピーチを振り返り，内容を整理して，相手にもっとわかりやすくなるように工夫する。
	Bさん	聞き手からの質問を参考にしながら，キーワードを作成して，スピーチの内容をふくらませる。

学習活動	個別の支援	
	Aさん	Bさん
1 前回の学習を振り返り，本時の予定を確認する。	・Aさんが発表したスピーチを，みんなで検討することを伝える。	・同様にBさんのスピーチについて，みんなで検討することを伝える。
2 Aさんが前回に行ったゲームに関するスピーチについて検討する。	・用語が難しいことや，ゲームについての保護者との約束を知りたい等の感想・質問を確認する。 ・クラス全員で協力してキーワード候補を考える。	・Aさんの発表について思い出せるように前回のノートを見る。 ・Bさんがわからない点や興味のある点を確認して，キーワード探しに参加する。
3 キーワードを決める。	・多数挙げられた候補の中から，Aさんが自分でキーワードを三つ選ぶ。 ・みんなの意見も尊重する。	・キーワードを決める経過を観察して，次に自分が決めるために心の準備をする。
4 Bさんが前回に行った家族に	・自分の順番が終わっても集中が切れないよう	・Bさんのスピーチが短く，多くの質問が出た

話すこと

関するスピーチについて検討する。	に, Bさんのスピーチについて前回のノートを見ながら考える。	ことを振り返る。 ・家族の性格やエピソードにかかわるキーワードを考える。
5 キーワードを決める。	・積極的にキーワードを提案する。	・多数挙げられた候補の中から, Bさんが自分でキーワードを三つ選ぶ。 ・みんなの意見も尊重する。
6 まとめ	・自分のキーワードを確認させ, 次回はそれを使って1分でスピーチすることを伝える。	・自分のキーワードを確認させ, 次回はそれを使って1分でスピーチすることを伝える。

6 評価

・キーワードの選択作業に積極的にかかわることができたか。
・自分で候補の中からキーワードを決めることができたか。
・相手にわかりやすく伝えることを目指して努力できたか。

〈小林　徹〉

資料
国語の具体的内容

参考：具体的内容の1，2，3は小学部の各教科の各段階の内容に，4は中学部の各教科の内容に，5，6は高等部の各教科の各段階の内容に相当するものとして設定した。具体的内容を使用する際には，部や段階にとらわれず，児童生徒の実態に合わせ，必要な内容を選択することが大切である。

吉田昌義・大南英明編「特別支援学校（知的障害）特別支援学級（知的障害）の指導内容表―各教科の具体的内容―」平成24年より

国語

領域	第1段階	第2段階	第3段階	第4段階	第5段階	第6段階
聞く・話す	1 声や音のする方に、振り向いたり、耳を傾けたりする。 2 教師の話しかけに表情や身振りで応じる。 3 教師や友達と一緒に、紙芝居やテレビを見て楽しむ。 4 テレビや絵本などに知っているものが出てくると、それを認めて反応する。 ・テレビや絵本などを見て、次は何が出てくるかなという期待感をもったりする。（指導書☆） ・テレビや絵本な	1 教室などで、話をする人の方を見て、聞く。 2 友達からの働きかけや呼びかけに応じる。 3 簡単な童話、放送、録音などを楽しんで聞く。 4 絵本、紙芝居、劇、VTR、テレビなど、映画などを見たり聞いたりし、興味のあるものを言ったり、動作で表現したりする。 ・絵本、簡単な紙芝居やVTRなどを見たり聞いたりして、話の主題や流れが相手に分かるように話す。（指導書☆）	1 話を終わりまで静かに聞く。 2 物語などを聞いて、おおよその内容が分かる。 ・物語、劇、映画、テレビなどを見たり聞いたりして楽しみ、印象の強かったところを話したり、自分の経験と結びつけて話したりする。（指導書☆☆☆） 3 教師などの説明、友達の話、簡単な放送、録音などを聞いて、内容のあらましが分かる。 4 話を終わりまで注意して聞いたり、分からな	1 教師などの説明や友達の話など、内容が分かる。 2 物語、劇、映画、テレビなどを見たり聞いたりして楽しみ、簡単な感想を話す。 3 簡単な放送や録音などの内容の要点を聞く。 4 簡単なメモをとったりして指示や説明を聞く。 5 実習などで指示や説明などを聞いて行動する。 ・相手の話すことをよく聞いて、指導	1 物語、劇、放送などを見たり聞いたりして楽しみ、感想を話す。 2 放送や録音の内容が分かる。 3 必要な場合は、メモをとったりして、指示や説明を正しく聞き取る。 4 話の内容の要点を落とさないように聞き取る。 5 質問に対して的確に応答する。（指導書☆☆☆） 5 経験したことを相手に分かるように、出来るだけ要点を落と	1 物語や小説などを読んだりテレビや映画などを見たりして楽しみ、感想を話したり、書いたりする。 ・物語や小説を読んで、内容や気持ちを話す。（指導書☆☆☆） 2 物語などを聞いて、登場人物の気持ちが分かる。 3 指示や説明を聞き取り、適切に行動する。 4 話し手の意図や気持ちを考えながら、内容を適切に聞き取る。

156

聞く・話す					
☆) ・絵を見て、つなぎの言葉や順序を表す言葉を知る。(指導書☆) 5 絵本、簡単な紙芝居やVTRなどを見たり聞いたりして、その内容を楽しむ。 ・絵本の簡単な絵の変化や芝居などの内容の比較したりする。(指導書☆☆)	どに出てくるものを、単に物としてではなく、きれいだ、おいしいなど感情をこめて見る。(指導書☆) ・絵を見て大まかな内容や手順が分かる。(指導書☆) ・絵本を見てもらったり、絵本を読んでもらったりして、その内容について身振りや音声、簡単な言葉で表現する。(指導書☆) 5 好きな絵本を読んでもらって楽しむ。	いときは聞き返したりする。 5 指示を聞き取り行動する。 6 身近なものや、興味のあるものの名前を言う。 7 教師や友達の名前を言う。 8 見聞きしたこと、経験したことのあらましを、家の人や教師などに話す。 ・身近な日常的な話題についてあいさつをする。(指導書☆☆☆)	書☆☆☆) 6 状態や動作を表す言葉を言う。 7 事柄の順序などに沿って経験したことを話す。 8 人に尋ねられたときは、はっきり対応する。 9 学級会、生徒会などで、自分の意見をみんなに分かるように話す。 10 用件を落とさずに話す。	さずに話す。 6 場に応じた適切なあいさつや応答をする。 7 学級会、生徒会などで、人の意見を聞き取り自分の意見を話す。 ・人の話を注意して聞いたり、人前で気後れしないで話したりする。(指導書☆☆☆☆) 8 用件を落とさずに話す。	5 テレビ、ラジオなどを聴き、必要な情報を得る。 6 自分の意見のはっきり要点をはっきりさせて話す。 7 経験したこと、擬声語や擬態語も交えて的確な表現で話す。 8 相手や場にふさわしいあいさつや応答をする。 9 学級会など生徒会で、人の意見に関連させて、自分の意見を述べる。

＊「指導書」とは、次の指導書を指している。
指導書☆：こくご☆教科書解説 教育出版 平成23年
指導書☆☆：こくご☆☆教科書解説 教育出版 平成23年
指導書☆☆☆：こくご☆☆☆教科書解説 教育出版 平成24年
指導書☆☆☆☆：国語☆☆☆☆教科書解説 佐伯印刷 平成24年

国語の具体的内容

領域	第1段階	第2段階	第3段階	第4段階	第5段階	第6段階
聞く・話す	・絵本を読んでもらって言葉のおもしろさやリズム感などを楽しむ。(指導書☆) 6 立つ、集まる、歩くなどの簡単な指示が分かる。 7 「いけない」と言われたことが分かる。 8 身振りや音声に対して反応を示す。 9 音や身振りを模倣する。 ・教師や友達の動きを見、相手を意識しながら模倣する。(指導書☆) ・動物の鳴き声や乗り物の動きや音を声や身振りで模倣する。	6 教師などの簡単な指示や説明を聞いて、出来るだけそのとおりに行動する。(指導書☆) 7 話し合いの時など、相手の話を終わりまで静かに聞く。 8 自分の名前を言う。 9 教師や友達に話しかけたり働きかけたりする。ごっこ遊びをしながら、教師や友達と言葉のやりとりをする。(指導書☆) ・遊びや動作化をして自分から必要な言葉を言う。(指導書☆) 10 自分の経験し	9 話し合いや学級会などで、聞き手の方を向いて、はっきり話す。簡単な自己紹介をしたり、集会などを進行したりする。(指導書☆☆) ・話し合いや学級会で、話の要点、発音、話す速さ、声の大きさなどに気をつけて話す。(指導書☆☆) 10 教師や家の人などに、用件を落とさずに簡単な伝言をする。 11 分からないときは、尋ねる。 12 自分の希望や意見を発表する。	・簡単な事柄についての報告や届けをすることに慣れる。(指導書☆☆☆☆☆) 11 必要な時には丁寧な言葉を使ったり共通語で話したりする。目上の人やよその人に対して、敬語や丁寧な言葉を使って話すことに慣れる。(指導書☆☆) 12 自分の家をかけたりして電話の応答に慣れる。 13 電話の種類と使い方を知る。・公衆電話の使い方に慣れる。(指導書☆☆)・発音、速さ、声	・簡単な事柄についての報告や届けを、用件を適切に話す。☆☆☆☆☆ 9 敬語を適切に使う。 10 電話で応答し、必要に応じて伝言を受ける。・電話での話の要点を正しく聞き取り、電話での話は間違いなく取り次ぐ。(指導書☆☆)・必要な場合は、メモをとったりして、電話の内容を正しく聞き取る。☆☆☆	10 用件を筋道を立てて正確に話す。 11 相手に応じて、敬語や言葉づかいを使い分ける。 12 尊敬語、謙譲語を適切に使って話す。 13 電話の取次ぎや適切な応答をする。・電話で発音、声の大きさ、速さなどに気をつけて話す。☆☆☆☆ 14 携帯電話やファックスで相手と応答する。

聞く・話す	音などを模倣したり、音や動きから何であるかが当てたりする。(指導書☆) 10 自分の名前を呼ばれたら、振り向いたり、返事をしたりする。 11 教師の話しかけに応じ、音声や簡単な言葉で表現する。 12 簡単なごっこ遊びをしながら、自由に話したり聞いたりする。 ・絵を見て、連想したことや経験したことを自由に話す。(指導書☆)	たことや見聞きしたことを、教師などに簡単な言葉で話す。 ・自分から、「おはよう」「さようなら」などのあいさつをしたり、返事をしたりする。(指導書☆) 11 簡単な伝言をする。 12 要望などを簡単な言葉で訴える。 13 友達と一緒に簡単なせりフのある劇をする。 14 幼児語を使わないで話す。	の大きさなどに気をつけて話す。(指導書☆☆) 13 友達と一緒に、簡単な劇をする。 ・劇の筋書きのおもしろさが分かる。(指導書☆☆) 14 必要なときは丁寧な言葉で話す。 15 電話で身近な人と話をする。 ・電話で簡単な取次ぎや伝言をする。(指導書☆) 16 なるべく正しい発音で話す。 ・濁音、半濁音、促音、拗音などの発音に慣れる。(指導書☆) ・長音、拗音、拗

領域	第 1 段階	第 2 段階	第 3 段階	第 4 段階	第 5 段階	第 6 段階
聞く・話す	13 要求がある時、身振りや声を出して注意を引く。 ・指示されて、「おはよう」「さようなら」などの挨拶をしたり返事をしたりする。（指導書☆☆） 14 表情や身振りで、依頼や訴えをする。 15 簡単な言葉で、依頼や訴えをする。 16 絵本などに出てくる身近な動物や事物に興味をもって見る。 ・絵本などに出てくる身近な動物や事物の名前を知る。（指導書☆）	15 絵本やテレビなどにしばしば出てくる平仮名に関心をもち、読もうとする。 ・身近な事物の名前を知り、そのものの使い方が分かる。（指導書☆☆） ・間違った発音と正しい発音の違いが分かる。（指導書☆☆） ・正しい口形を覚え、あいうえお五十音を正しく発音する。（指導書☆☆）	長音、促音などを含む言葉の発音に慣れる。（指導書☆☆☆）			

160 資料

17 好きな本を自分で探して読んでもらって楽しむ。	16 身近な生活の中で、しばしば目に触れる標識、看板、広告などに関心をもつ。・スクールバスなどの簡単な標識の意味が分かる。(指導書☆)	17 絵本や、やさしい読み物を読むことに興味をもつ。	14 やさしい読み物や詩などを読んで楽しむ。・やさしい読み物を読むことに興味をもつ。(指導書☆☆☆☆)	11 日常生活でよく使われる外来語が分かる。	15 小説やエッセイなど好きな読み物を読んで楽しむ。・物語を読んで、情景や登場人物の気持ちなどが分かる。(指導書☆☆☆☆☆)
18 話の筋のある簡単な絵本を見たり、読んでもらったりすることを喜ぶ。	17 自分の名前の文字が分かる。・自分の名前を意識し、音節を読む。(指導書☆)	18 校内の危険な箇所を示す標識が分かる。	・やさしい読み物をはっきりした発音で音読する。(指導書☆☆☆☆)	12 いろいろな読み物を読んで楽しむ。・句読点、かぎかっこなど、文章の決まりに気をつけて読む。(指導書☆☆☆☆☆)	・詩を読んで、そこに表されている情景や作者の気持ち、気分などを読み取る。(指導書☆☆☆☆)
19 くつ箱、帽子掛けなどの自分の印がわかる。	18 身近な事物に関心をもち、それらの名前を語形として捉える。(指導書☆)	19 教師や友達の名前や友達の名前を意識し、音節を読む。(指導書☆☆)	・やさしい読み物を、内容を理解しながら読む。(指導書☆☆☆☆)	・物語を読んで、話の移り変わりや、あらすじが分かる。(指導書☆☆☆☆☆)	・ことわざを生活に生かす。(指導書☆☆☆☆☆)
20 自分の名前をだいたい区別する。			・黙読する。(指導書☆☆☆☆)	・詩を読んで、言葉の美しさを感じ取る。(指導書☆☆☆☆☆)	・俳句を読んで、その句のもつ季節感や大体の意味を感じ取る。(指導書☆☆☆☆☆)
21 絵本などに出てくる平仮名に関心をもつ。	20 促音、長音などの含まれた語句や短い文を正しく読む。		・詩やわらべ歌などリズム感のある旋律や言葉のおもしろさを味わう。(指導書☆☆☆☆)	・ことわざを読んで、その意味が分かる。(指導書☆☆☆☆☆)	
	18 平仮名で書かれた語句を読む。・平仮名の読みに慣れる。(指導書☆☆)			・標語を読んで、その意味が分かる。(指導書☆☆☆☆☆)	

読む

領域	第1段階	第2段階	第3段階	第4段階	第5段階	第6段階
読む		・絵の中から、部分の差異、色の違いの差異、大小、方向の差異、部分の欠如などを見つけ、同じものを探す。(指導書☆☆)	・濁音、半濁音、拗音の読みに慣れる。(指導書☆☆☆) ・平仮名で書かれた短い文を拾い読みでなく、語や文として読む。(指導書☆☆☆) 21 片仮名やよく使われる簡単な漢字を読む。(指導書☆☆☆) ・片仮名の読みに慣れる。(指導書☆☆) ・片仮名の用法に関心をもつ。(指導書☆☆☆)	・日常使われている言葉に関心をもつ。(指導書☆☆☆☆) ・日常で目に触れたり、聞いたりする標語に関心をもつ。(指導書☆☆☆☆) ・よく知られている俳句に関心をもつ。(指導書☆☆☆☆) 15 国語辞典に関心をもつ。 16 よく目にふれる標識、看板、立て札、掲示などの意味が分かる。 ・立ち入り禁止、横断禁止、非常口などの標識を見て、安全な行動をとる。(指導書☆☆☆☆)	・俳句を読んで、五・七・五の言葉のリズムを感じ取る。(指導書☆☆☆☆) 13 辞書などを利用する。 14 日常生活に必要な伝票、看板、広告、立て札、掲示などを読み取り、できるだけ正しく読み取る。 15 日常生活に必要な伝票、領収書、諸届、申込書などの記入の仕方が分かる。 16 日常生活で使われる器具や医薬品などの簡単な説明書が分かる。 ・簡単な説明文を	16 国語辞典、百科事典などを活用して、必要なことを調べる。 17 必要に応じて図書室(館)を利用する。 18 標識、看板、広告、立て札、掲示などを読んで適切に行動する。 19 生活で使われる機械、器具、情報通信機器、医薬品などの説明書などの読み取り、適切に利用する。 20 日常生活に必要な伝票、領収書、通知書などの意味が分かる。

読む

（第1列）
- 22 図形や文柄などの異同が分かる。

（第2列）

（第3列）
- 17 ローマ字に関心をもつ。
- 18 新聞や雑誌など見たり、読んだりすることに興味をもつ。
  - ・片仮名の入った簡単な文を読む。（指導書☆）
- 19 日常生活に必要な伝票、領収書、説明書などが分かる。

（第4列）
- 17 正しく読み取り、その指示に通りに仕事をしたり、利用したりする。（指導書☆☆☆☆）
- 18 日常生活で、よくふれる外来語の標識が分かる。
- 19 新聞や雑誌などを、見たり読んだりする。

（第5列）
- 21 外来語や片仮名の標識を読み、適切に行動する。
- 22 新聞や雑誌を読み、必要な情報を得る。
- 23 アルファベットで表される略語（CD、BSなど）が分かる。

書く

（第1列）
- 23 いろいろな道具を使って、自由になぐり書きをする。
  - ・指、手、腕を動かしなぐり書きをする。（指導書☆）

（第2列）
- 19 点線の上をなぞって書く。
- 20 簡単な図形をまねて書く。
- 21 文字を書くことに興味をもつ。
- 22 鉛筆などを正しく持ち、正しい姿勢で書く。

（第3列）
- 20 見聞きしたことや経験したことなどについて、できるだけ順序立てて書く。（指導書☆☆）
- 21 簡単な手紙文や日記を書く。
- 22 進んで文字を書こうとする。
  - ・教師や友達の名前を平仮名で書く。（指導書☆）
  - ・身近なものや興味のあるものの名前を平仮名で書く。（指導書☆）

（第4列）
- 20 経験したことや見聞きしたことなどについて、できるだけ順序立てて書く。（指導書☆☆）
- 21 簡単な手紙や日記を書く。

（第5列）
- 24 経験した事柄を順序立てて、自分の意見や感想を交えながら要領よく書く。
- 25 句読点、かぎかっこなどを正しく使って文章を書く。

国語の具体的内容

領域	第1段階	第2段階	第3段階	第4段階	第5段階	第6段階
		23 平仮名の簡単な語句を見て、書き写す。 24 自分の名前を平仮名で書く。 ・自分の名前を縦書きや横書きで書く。(指導書☆☆)	23 簡単な語句や短い文を平仮名で書く。 ・簡単な語句や短い文を、正しい筆順で適当な大きさで書く。(指導書☆☆☆) 24 簡単な絵日記を書く。 ・簡単な文を書く。(指導書☆☆) ・周囲の様子、動作、行動や気持ちなどを表す文を書くことに慣れる。(指導書☆☆☆) ・簡単な語句を片仮名で書く。(指導書☆☆☆) 25 自分の名前などを漢字で書く。 26 教師と一緒	・手紙文の種類や用語、形式を知る。(指導書☆☆☆) ・文字の大きさなどに気をつけ、相手に分かるように手紙を書く。(指導書☆☆☆) ・必要な連絡の文章を書く。(指導書☆☆☆) ・案内状やプログラムを書いたり、簡単なポスターを作ったりする。(指導書☆☆☆) 22 句、読点などに注意して書く。 23 よく使われる簡単な漢字の書き方や使い方が	・身近な生活で経験したことについて、簡単な記録を書く。 22 要領よくメモをとる。 ・箇条書きで簡単なメモをとる。(指導書☆☆☆) ・記事を集めて、新聞を作る。(指導書☆☆☆) ・学校や学級の出来事等を取材して、簡単な記事を読み手に分かり易く書く。(指導書☆☆☆) ・作品集を編集する。(指導書☆☆☆☆) 23 句読点、かぎかっこなどの正しい使い方が慣れる。	26 漢字や片仮名を正しく使って文章を書く。 27 手紙の目的に応じて筆記用具を使い分けたり、工夫して書く。 ・手紙文の種類や用語、形式を必要に応じて実用的に役立てる。(指導書☆☆☆) 28 生活の中で使われる伝言、諸届、申込書を正しく書いたり、ワードプロセッサーを使って作成したりする。 29 自分の履歴書を様式に従って正しく書く。

164 資料

に、簡単な手紙を書く。 ・身近な経験や出来事を、家族・友人、教師、友達、などに書いて知らせる。(指導書☆☆☆) ・はがきや年賀状の大体の書き方が分かる。(指導書☆☆☆)	分かる。 24 長音、濁音、撥音、促音、拗音、助詞「を、は、へ」などを正しく読んだり、書いたりする。 25 ワープロセッサーの操作に興味をもつ。	24 よく使われる漢字の書き方や使い方が分かる。 25 ワープロセッサーを使って、漢字、仮名交じり文を作成する。 26 ペンや毛筆などを使って、書写する。 27 自分の履歴書などを手本を見て書き写す。 ・履歴書や身上書などが必要な理由を知る。(指導書☆☆☆)	30 パソコン通信に関心をもち、電子メールを発信、受信する。 31 携帯電話にインターネット機能があることを知る。 32 インターネットの中からソフトウェアをむやみにダウンロードしない。 33 インターネットでむやみに申し込みをしない。

書　∨

◆執筆者一覧

【監修者】

大南　英明		全国特別支援教育推進連盟理事長
		（元文部省初等中等教育局特殊教育課教科調査官）
吉田　昌義		聖学院大学教授
		（元文部省初等中等教育局特殊教育課教科調査官）
石塚　謙二		大阪府豊能町教育委員会教育長
		（前文部科学省初等中等教育局特別支援教育課特別支援教育調査官）

【編　者】

全国特別支援学級設置学校長協会
全国特別支援学校知的障害教育校長会

【執筆者】（執筆順。所属は平成25年6月現在）

大南　英明	前掲
石塚　謙二	前掲
佐藤真佐代	奈良県立大淀養護学校教諭
石川　真史	三重県立特別支援学校西日野にじ学園教諭
松井　雄基	三重県立特別支援学校西日野にじ学園教諭
河野　和正	愛媛県立宇和特別支援学校教諭
金森　智子	長崎県立鶴南特別支援学校教諭
鈴木　貴之	福島県立会津養護学校教諭
小原　　基	神奈川県立相模原養護学校教諭
遠藤　圭子	東京都板橋区立大山小学校主幹教諭
宮﨑真規子	福井県敦賀市立敦賀西小学校教諭

安原　由子		岡山県岡山市立高松中学校教諭
渡邊　秀子		栃木県宇都宮市立戸祭小学校教諭
小田　和幸		東京都青梅市立泉中学校教諭
坂口　百恵		佐賀県立うれしの特別支援学校教諭
勝部　弘子		島根県立出雲養護学校教諭
田﨑　弘明		熊本県立小国支援学校教諭
山内　雅子		香川大学教育学部附属特別支援学校教諭
井上　知子		兵庫県立こやの里特別支援学校教諭
岩橋　亜矢		北海道教育庁空知教育局指導主事
秋山　郷思		埼玉県さいたま市立宮原小学校教諭
尾﨑ゆみ子		神奈川県相模原市立横山小学校教諭
山田　貴之		東京都中野区立第七中学校主幹教諭
阿部　康子		北海道江別市立江別第三小学校教諭
小林　徹		郡山女子大学短期大学部幼児教育学科准教授

「改訂版　障害のある子どものための」シリーズ１

改訂版　障害のある子どものための国語（聞くこと・話すこと）

2013（平成25）年9月8日　初版第1刷発行

監修者：大南　英明
　　　　吉田　昌義
　　　　石塚　謙二
編　者：全国特別支援学級設置学校長協会
　　　　全国特別支援学校知的障害教育校長会
発行者：錦織　圭之介
発行所：株式会社東洋館出版社
　　　　〒113-0021　東京都文京区本駒込5丁目16番7号
　　　　営業部　電話03-3823-9206　FAX03-3823-9208
　　　　編集部　電話03-3823-9207　FAX03-3823-9209
　　　　振替　00180-7-96823
　　　　URL　http://www.toyokan.co.jp
印刷・製本：藤原印刷株式会社

ISBN978-4-491-02971-9　　　　　　　　　　　　Printed in Japan